조상을 잘 모셔야
자손이 번성한다

입수전순과 자손번성,
천 년의 풍수 역사를 최초로
과학적으로 입증한 풍수지리학

조상을 잘 모셔야 자손이 번성한다

이석정 · 박채양 · 최주대 지음

Bb
Brainbooks

풍수의 과학화를 위해서

우리의 전통풍수를 과학화하기 위해서 알아야 할 것은 무엇인가. 그것은 우선 과학화의 정의와 방법론, 풍수의 정의와 의미 및 그 범위에 대한 정확한 이해가 될 것이다. 이를 위해서 우선 이것들의 사전적 의미와 적용방법에 대한 조사가 요구된다.

과학화라는 말은 과학적으로 체계화한다는 의미를 지닌다. 과학적이라는 뜻을 이해하기 전에 우선 과학(科學, science)의 사전적(辭典的)인 의미를 확인해보자.

과학은 영어로 science이다. 어떤 사물을 '안다'는 라틴어 'scire'에서 연유된 말인데 넓은 의미로는 학(學) 또는 학문(學問)과 같은 뜻이다. 독일어로는 'Wissenschaft'이다. 이는 학문을 뜻하는 'Wissen'과 명백히 구별되며, 철학·종교·예술과 대립되는 개념으로 쓰이는 일이 많다. 어떤 경우이든 간에 과학은 '어떤 가정 위에서 일정한 인식목적과 합리적인 방법에 의해 세워진 광범위한 체계적 지식'을 의미한다. 따라서 이제까지 아무도 반증(反證)을 하지 못한 확고한 경험적 사실을 근거로 한 보편타당성과 객관성이 인정되는 지식체계만이 과학이다. 이러한 정의에 의하면 신학이나 철학은 과학이라 할 수 없으며, 보편성이 인정되는 형식논리학이나 수학은 과학의 범주에 포함된다. 물론 공학이나 의학 같은 응용과학도 과학에 속한다.

과학 중에서 경험적 사실을 토대로 한 것을 경험과학(經驗科學)이라 한다. 이것은 일반적으로 자연과학과 사회과학으로 나뉜다. 한편 W.빈델반트나 H.리케르트는 자연과학을 설명적 과학(說明的科學), 역사과학 또는 문화과학을 기술적 과학(記述的科學)으로 분류한 바 있다. 좁은 의미의 과학은 자연과학을 지칭한다. 자연과학은 재현 가능한 자연현상을 주로 다루기 때문에 실험이 가능할 뿐만 아니라 현상들의 상호관계를 수리적인 방법에 의해 함수형태로 확정할 수 있는 등 방법적인 특징이 있다.

따라서 과학화는 확고한 경험적 사실을 어떤 가정 위에서 일정한 인식목적과 합리적인 방법으로 보편타당성과 객관성을 가지는 지식체계로 구축하는 것이라 할 수 있다.

풍수(風水)는 풍수지리(風水地理), 감여(堪輿) 또는 지리설(地理說)로도 불린다. 이 용어의 사전적 의미는 '집·무덤 따위의 방위와 지형이 좋고 나쁨과 사람의 화복(禍福)이 절대적 관계를 가진다는 학설로서 음양오행설(陰陽五行說)에 바탕을 둔다'이다. 자세히 풀어쓰면 음양오행설에 따라 산세(山勢)와 지세(地勢) 및 수세(水勢) 등을 인간의 길흉화복(吉凶禍福)과 연결시켜 해석하는데, 도읍(都邑)이나 궁택(宮宅), 또는 능묘(陵墓)의 위치에 따라 인간의 길흉(吉凶)과 화복(禍福)이 초래된다고 믿는 설(說)이라 할 수 있다.

풍수의 과학화는 '산세(山勢)와 지세(地勢) 및 수세(水勢) 등이 인간의 길흉화복(吉凶禍福)과 관계 있다' 라는 가정을 과학화하는 것을 뜻한다. 이는 '산세, 지세, 수세, 인간의 길흉화복, 이들의 상관관계 등을 합리적인 방법에 의해 보편타당성과 객관성을 가지는 지식체계로 구축' 한다는 의미이다. 어떤 현상의 특성이나 경향 따위를 수량으로 표시하는 계량화(計量化)는 보편타당성과 객관성을 부여할 수 있는 가장 단순하고 명확한 방법들 중의 하나이다.

계량화를 하기 위해서는 무엇보다도 용어의 정확한 정의(定義, definition)가 요구된다. 정의가 명확하지 않으면 계량화는 불가능하다. 그렇다면 산세, 지세, 수세, 인간의 길흉화복, 이들의 상관관계 등에 대한 정확한 정의의 존재유무에 대한 확인이 과학화의 첫걸음이다. 만약 불명확하다면 보편타당성과 객관성을 가지는 정의를 새롭게 정립하는 것이 두 번째 걸음이다. 계량화 · 과학화를 위한 세 번째 걸음은 기준의 설정이다. 이 기준 위에서 계량화를 행하는 것이 네 번째 걸음이다. 이 모든 걸음들은 모두 보편타당성과 객관성을 가져야 한다.

계량화된 여러 변수들과 그 결과들 간의 상관관계나 인과관계를 찾아내어 함수화하는 가장 용이한 방법을 찾는 것이 다섯 번째 걸음이다. 보편타당성과 객관성을 가지는 결론을 도출할 수 있는 용이한 방법은 제도권에서, 특히 자연과학에서 확립해놓은 논리전개나 방법론을 따르는 것이다. 이들 중에서 비교적 용이하게 접근할 수 있는 것들 중 하나는 통계학적 이론을 원용하는 것이다. 물론 제도권의 다른 방법을 이용해도 좋다. 이 경우에도 과정과 결론이 보편타당성과 객관성을 충족해야만 한다.

풍수의 과학화는 이런 과정을 거쳐서 전통풍수이론을 증명하고 필요에 따라 새로운 결론을 도출하는 전 과정을 의미한다. 그 과정을 위해 이 책의 저자들이 동참했다. 그들의 용기에 감사를 드린다. 이 책을 시작으로 '풍수'에서 '풍수학'으로의 변신에 열화와 같은 성원이 집중되고, 그 성원이 값진 결과를 낳을 것으로 믿는다.

2007년 4월

대표저자 소찬(昭燦) 씀

풍수에서 풍수학으로의 첫걸음

　우리의 자녀들이 그림을 그릴 때 사용하는 크레파스에는 여러 종류의 색 이름이 있습니다. 빨강, 파랑, 노랑, 주황, 주홍, 보라, 자주, ……. 이 중에는 새로운 이름으로 바뀐 것이 있는가 하면, 그 이름이 아예 없어진 것도 있습니다. 없어진 색 이름 중에는 살색이 있습니다. 필자는 살색이 어떤 것인지 잘 알고 있습니다. 초등학교에 입학하자마자 배운 색 이름이기 때문입니다. 살색은 사람을 그릴 때 팔이나 얼굴 부위에 색을 입힐 때는 반드시 사용해야 하는 색으로만 알았습니다. 나 자신은 물론이고, 부모님이나 가족, 그 뿐만 아니라 또래의 친구나 아저씨, 할아버지, 할머니를 그릴 때도 이 색을 사용했습니다.

　왜 이 색을 사용해야 하는지도 모르고 무조건 사용했습니다.

　고학년으로 올라갈수록 다양하고 새로운 지식을 습득했습니다. 왜 습득해야 하는지에 대한 이유는 생각해볼 기회조차 갖지 못했습니다. 폭넓고 깊은 새로운 지식을 습득했습니다. 같은 방법과 과정으로. 지리시간에는 세계지도를 배웠습니다. 그 나라에 사는 사람에 대해서도 배웠습니다. 유럽이나 아메리카 대륙에는 백인이 살고, 아프리카에는 흑인이 살고, 동북아시아에는 황인이 살고…….

그제서야 왜 살색이 있는지를 알았습니다. 백인의 피부를 나타내려고 할 때 사용한다는 어마어마한 사실을 알았습니다. 그리고 유명한 화가들이 그린 사람의 얼굴에는 빨강, 파랑, 노랑, 주황, 주홍, 보라, 자주 등등의 색으로 구성된 도저히 이해가 가지 않는 색들도 있다는 것을 알았습니다. 살색은 사람의 피부, 즉 살을 나타내는 색이 아니라는 것을 알았습니다. 50억 명이 넘는 지구상에 존재하는 전 인류 중에서 채 10%에도 미치지 못하는 사람들만이 살색 피부를 가졌다는 굉장한 사실을 발견했습니다.

교과서에 나와 있는 흑인은 모두 못생겼습니다. 백인은 모두 잘생겼습니다. 황인은 그 중간입니다. 그래서 흑인은 모두 못생기고, 아프리카에는 못생기고 시커먼 사람들만 살고 있는 것으로 알고 있었습니다.

나이가 들어 여러 나라에 갈 기회가 있었습니다. 아프리카에는 흑인, 백인, 황인 모두가 있었습니다. 멋있는 흑인, 예쁜 흑인이 있었으며, 못생긴 백인도 있었습니다.

흑인들의 피부색도 약간 짙은 색, 갈색, 짙은 갈색, 회색, 짙은 회색 등등으로 다양했습니다. 얼굴 모습도 다양했습니다. 나오미 캠벨 같은 미녀들도 많았습니다. 시드니 포이티어 같은 멋쟁이도 있었습니다.

아시아에도 인도인, 말레이인, 멜라네시아인, 폴리네시아인 등등 같은 피부가 약간 짙은 사람들도 있었습니다. 미국에 있는 흑인계 유색인종들은 더욱 다양한 피부색과 얼굴 생김새, 신체 등을 가졌습니다.

흑인을 이야기할 때 수많은 정의와 과정이 필요하다는 것을 이제야 알게 되었습니다. 인류학이나 인종분류학 등 제도권에 있는 여러 학문들에서 체계적이고 명확하며 자세하게 연구하고 있는 것임에도 불구하고. 이 나이가 되도록 흑인에 대해 제대로 이야기할 수 없다는 것이 이상합니다.

풍수는 1,000년 이상의 역사를 지닌 우리의 전통학문입니다. 그럼에도 불구하고 풍수는 아직도 풍수학으로 부를 수 없습니다. 제도권에서 인정하는 학문 분야에 속하지 못하기 때문입니다. 풍수에 '학' 자를 붙일 수 있기 위해서는 '학'이 요구하는 조건을 만족해야 합니다. '학'의 요구 조건에 적합하지 않은 것은 '학' 자를 붙이는데 아무런 도움이 되질 않습니다. 학이 되기 위해서는 '학'의 논리로 흑인의 검은색을 구별하는 기준을 만들고, 다음으로 검은색의 종류를 식별하는 기준을 마련하고, 피부의 검은색과 눈동자의 검은색, 머리카락의 검은색, 수염의 검은색을 구별하는 기준을 만들어야 합니다. 그 후에 머리카락의 모양과 꼬인 정도, 길이, 굵기, 인장강도, 내열성, 표면 광택 등등을 구별해야 합니다. 물론 DNA를 비롯한 유전공학적인 정보도 알아야 합니다. 우리의 기준에 따라 미모를 판정하기 위해서는 표준형과 연령대별 선호도 등을 비롯한 많은 종류의 정보를 정리한 후에야 비로소 흑인에 대한 분류가 어느 정도 진행될 수 있습니다.

풍수는 이제 흑인의 검은색을 구별하는 기준을 마련하고 있습니다. 이 기준을 마련하는 데 이 책의 필자들이 동참했습니다. 이 책은 그저 그러한 것을 기술한 것입니다.

　영남대학교 대학원 응용전자학과 박사학위 과정 학생들이 참여했습니다. 그들의 용기에 감사드립니다. 이 책을 시작으로 흑인에 대한 정의가 내려지면서 '풍수' 에서 '풍수학' 으로의 변신에 열화와 같은 성원이 집중되고, 그 성원이 뜻깊은 결과를 낳을 것으로 믿습니다.

　이제 그 시작을 알리는 일이기에 에필로그는 쓰지 않겠습니다.

　멋진 책이 태어나도록 관심을 가져주신 지식의창·브레인북스의 윤준 사장님과 편집부 직원들에게 감사드립니다.

2007년 4월

대표저자 소찬(昭燦) 씀

차 례

1부　풀어쓰는 풍수과학

2부 묘지의 입수상태와
자손번성

3부 비탈에 쓰여진 묘소와 자손번성

■ **일러두기**

– 이 책은 1~3부로 나뉘어져 있다. 1부는 소찬 이석정 교수(본명, 이문호), 2부는 박채양 박
  사, 3부는 최주대 박사가 연구한 논문을 정리한 것이다.
  책의 전체 내용은 이석정 교수의 지도 아래 정리했다.

– 2부, 3부에 나오는 숫자 1), 2), 3)은 각 부의 마지막에 수록된 참고문헌의 순서를 말한다.

– 족보를 통계자료로 인용하면서 누구나 알 수 있는 가문의 묘소에 대해서는 실명을 덧붙이
  지 않았다. 이는 가족의 명예는 물론 사생활 침해, 가문의 흥망성쇠와 관련이 있어서 부득
  이 ○○묘, ○○씨로 대신했다.

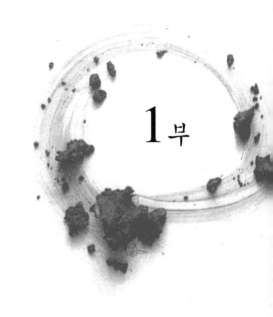

1부

풀어쓰는
풍수과학

조 상 을 잘 모 셔 야 자 손 이 번 성 한 다

1_ 풍수는 과학인가 미신인가?

먼저 풍수(風水)의 뜻을 국어사전에서 찾아보자.

여러 종류의 국어사전에서는 풍수 또는 풍수지리를 '음양오행설에 바탕을 둔 집·무덤의 방위, 지형 따위의 좋고 나쁨이 사람의 화복에 절대적 관계를 갖는다는 학설', '음양오행설에 기초하여 민속으로 지켜 내려오는 지술(地術)', '지형·지세·방위 따위를 인간의 길흉화복에 연결시켜 설명하는 학설', '땅의 형세나 방위를 인간의 길흉화복에 관련시켜 설명하는 학설' 등으로 설명한다.

도대체 풍수를 어떻게 생각하기에 '따위를'이라는 단어를 넣어 설명하고 있을까?

어쩌면 이런 의문이 쉽게 해결될지도 모른다. 제도권의 대학교수로서 풍수학자로 유명했던 어떤 분이 기고한 풍수에 대한 논문의 일부를 인용해보자.

'풍수는 어떻게 시작되었나. 그것은 안온한 삶, 즉 근심과 걱정 없는 안정 희구에서 출발했다고 볼 수 있다. 터를 잘 잡는다는 것이다. 잘 잡힌 터에 뿌리를 내린 생명들은 보기에도 조화로운 감정과 안정을 선사한다. 그런 곳에서 느끼는 평안한 심적 상태, 이것은 모든 사람들이 바라는 마음의 지향성이다.

특히 현대 도시 생활의 비인간적인 잡답 속에서 사람들은 언제나 그런 평안을 추구한다. 바로 그런 곳…… 산, 나무, 개울, 옛집, 돌, 사람까지도 서로가 제자리를 잡고 제구실을 하는 곳. 풍수는 그런 곳을 찾아나선다. 그곳은 바로 어머니의 품속과 같은 땅이다. 어머니의 품속에서 우리는 모든 근심, 걱정을 잊고 평안을 찾기 때문이다. 이것이 자생풍수에서의 터잡기의 기초이다.

그래서 땅을, 혹은 산을 마음으로 받아들일 수 있는 눈을 가진 사람은 어머니의 품속과 같은 명당을 찾아낼 수 있다. 구태여 풍수의 논리나 이론이 개입할 필요가 없다. 지금까지의 자생풍수 연구가 드러내준 우리 풍수의 방법론적 본질은 본능과 직관과 사랑, 바로 이 세 가지로 요약이 가능하다.

순수한 인간적 본능에 의지하여 땅을 바라본다. 거기에 어머니의 품속 같은 따뜻함을 추구하는 마음이 스며들어 있지 않을 수가 없다. 그를 좇으면 된다.

직관은 순수함을 좇는 일이다. 이성과 지식과 따짐과 헤아림 따위가 직관의 순수함을 마비시킨다. 그런데 지금 우리들은 오히려 그런 것들을 따르고 있다. 하지만 풍수에서 땅을 보는 눈은 다르다. 결코 이성(理性)에 의지해서는 안 된다. 본능의 부름에 따라 직관의 판단을 좇는 것이 절대로 필요하다. 이 직관은 결코 무엇엔가 물들지 않은 직관이어야만 한다.

사랑. 이는 땅에 대한 것뿐만이 아니라 그에 의지해서 살아가야 할 사람들에 대한 것까지 포함한다. 도선국사가 찾아나섰던 땅들이 모두 병든 터였다는 점을 상기할 일이다. 괴로운 어머니에 대한 효성이 참된 사랑이 될 수 있는 것처럼 땅도 좋은 것을 찾을 일이 아니다. 그저 어머니이기만 하면 된다. 특히 이제 늙어 병들고 기운 없어 자식에게는 줄 것이 하나도 남아 있지 않은 어머니의 품을 찾는 것이 풍수라는 뜻이다. 대가를 바라지 않는 절대의 내어줌이다. 하지만 병들어 힘들어 하는 어머니를 그냥 방치해도 된다는 뜻은 아니다. 그런 어머니를 고쳐드리고 달래드리기 위한 비보책(裨補策)이란 것이 있다. 마치 병든 이에게 침이나 뜸을 시술하는 것과 마찬가지 이치를 땅에 적용한 것이 자생풍수의 비보책이다.'

우리 풍수의 방법론적 본질이 본능과 직관과 사랑이라니, 이게 어찌 과학적인 논리전개의 방법론이며, 학문전개의 방법론인가? 일개 감상문이나 기행문을 다루는 문학의 장르에서나 찾아볼 수 있는 방법론을 감히 학문에서 언급을 하다니 대단한 용기의 표출이다. 그 보다도 학문에 대한 오만함의 표출이며, 겸손함이 결여된 학자류의 토설일 것이다. 그러니 '따위를 다루는 학설'이 될 수밖에 없다. 그래도 사전을 편찬한 분들은 관대하다. 학설이라고 했으니까.

본능이나 직관이나 사랑은 객관성이 결여된 표현들이다. 이는 자연을 대상으로 하지만 객관성이 결여된 기술을 의미한다. 객관성이 결여된 것은 학문의 반열에 들 수가 없다. 객관성과 보편성과 타당성은 학문전개의 방법론에서 가장 중요시하는 것이다. 비록 이 책에서 학문을 논하지 않을지라도 자연과학을 전공한다는 저자들의 입장에서는 도저히 그러한 전개나 방법론은 수용할 수가 없다. 이것이 저자들로 하여금 풍수에 관한 새로운 담론을 펼치도록 만든 직접적인 계기가 되었다.

풍수가 과학이든 미신이든 관념이든 간에 우리 선조들의 생각과 경험에 근거한 것임은 확실하다. 중국의 풍수는 중국인들의 생각과 경험에 근거한 것이다. 경험에 근거한 학문 분야 중에서 가장 대표적인 것이 열역학(熱力學, thermodynamics)이다. 경험에 근거했기 때문에 현상을 관찰하는 입장에 따라 묘사되는 것이 다르게 나타난다. 그래서 시대가 바뀜에 따라 관심의 대상이 되는 현상이 변한다. 그에 따라 새로운 법칙들이 발견되는 것이다. 그것이 마치 어제까지는 존재하지도 않았던 것처럼. 그러나 그것은 옛날에도 있었고, 어제도 있었다. 또 오늘도 있고, 내일도 있을 것이다.

오늘의 풍수도 경험에서 출발하는 것이라면 열역학과 같다. 어제의 기술방식과 내일의 기술방식이 달라질 수 있을 것이다. 그래서 과거에 기술되었던 것이 오늘과는 조금 다르다고 할지라도 용서될 수 있다. 현상을 바라보는 관점의 차이에서 비롯된 것이라면 말이다.

그렇지만 어떠한 경우에도 용서될 수 없는 것이 있다. 그것은 바로 논리를 전개하는 방법에 문제가 있는 경우이다. 특히 학문에서의 논리 전개는 동서고금을 막론하고 변화가 없을 뿐만 아니라 차이도 없다. 바로 과학적인 논리전개이다. 과학적으로 논리 전개가 이루어진 경우가 아니라면 학문의 영역에 들어올 수 없다.

'과학적' 이란 말은 객관성과 보편성, 그리고 타당성을 포함한다.

풍수는 경험을 근간으로 하고 있기에 과학의 영역에 들어간다. 과학은 과학적인 논리로 전개될 때만 빛을 발한다.

자연과학자의 눈으로, 인문학자의 관념으로, 철학자의 논리로 풍수를 새롭게 바라보고 생각하고 설명해야 한다. 그것도 모두가 기피하는 음택풍수(陰宅風水)를 대상으로…….

2_ 명당론을 기본으로 하다

1. 풍수와 풍수학

현재 우리나라에서 풍수 또는 풍수지리는 전통적인 자연관에서 비롯된다. 그 자연관은 천 년 이상의 긴 역사를 갖고 있다. 그런데도 풍수는 연역법적인 논리체계로 인하여 아직도 학문영역에서 자신의 자리를 확립하지 못한, 제도권에 속하지 못하는 분야 중의 하나이다. 이제 많은 연구자들이 노력하여 제도권의 논리로 우리의 전통 자연관을 체계적으로 정리하기 시작했다. 제도권 진입은 물론이고 우리의 독특한 자연관을 세계로 펼쳐 나가야할 시점에 이른 것이다.

필자가 이 책을 저술하려는 목적 중의 하나도 '풍수의 제도권화'에 있다. 모든 기술이 학문이라고 하는 제도권의 방법론을 충실하게 따르고 있기 때문이다.

자연을 기술하는 방법은 기술자의 시각과 관점에 따라 다양하게 표출된다. 자연 그대로의 형상을 묘사할 수도 있으며, 그 형상에 어떤 의미를 부여할 수도 있다. 또한 형상 자체를 배제하고 그 의미만을 강조할 수도 있다. 또 그 의미로 인해서 파생된 상징만을 부각시킬 수도 있다.

이러한 다양성으로 인해서 풍수라는 단일 용어를 사용하며 형상만을 강조하거나(풍수의 형국론), 형상과 의미 또는 상징을 연계하거나(형국이기론), 형상을 배제한 의미와 상징을 내세우면서(이기론) 각 방법론 간에 일체의 교류와 협력 없이 대립된 시각을 견지할 경우에는 논리의 통일은 물론 결론다운 결론조차 내리지 못할 것은 분명하다.

이런 현상은 우리나라를 비롯한 중국과 일본 등의 동북아시아권에 거주해온 민족들의 공통된 자연관에 기인한다. 즉, 어떤 형체나 사물에 대해 그것의 본질을 확실하게 나타낼 수 있는 의미나 상징을 부여하는 것이다. 이것은 우주의 구성 이치로도 발전한다. 우주의 근본은 태극이다. 여기에서 분화된 음양오행이라는 독특한 개념이 모든 물질과 정신을 구성한다. 그리하여 우주는 태극과 음양오행 및 만물의 순으로 구성되고, 태극의 움직임에 따라 음양이 나타나고 오행의 순응에 의해 물질과 정신을 비롯한 만물이 생성된다.

다양한 생각과 접근으로 풍수도 다양하게 기술되고 있다. 이로 인해서 다양한 풍수론들이 펼쳐져 있다. 필자는 이런 다양한 풍수론에 생명을 불어넣을 수 있는 토대를 만들고자 몇 가지 과감한 시도를 행하려 한다.

첫째, 풍수의 대상이 자연 그 자체이므로 자연과학적인 접근과 해석을 통해 풍수이론을 새롭게 정비하고자 한다.

둘째, 풍수에서 주장하는 인과관계를 체계적으로 정리하기 위해서 통계학적인 방법을 도입하여 풍수이론을 재정립하고자 한다.

셋째, 사람의 출생과 삶 그리고 자연으로의 회귀를 법의학(法醫學)적으로 분석하고 해석할 것이다. 이것은 풍수에서 주장하는 모든 것의 중심이 우리가 속해 있는 우주가 아니라 우리 인간 그 자체이기 때문이다.

이런 과정을 통해서 풍수가 단순히 우리의 전통적인 관념이 아니라 자연을 보는 자연관, 보다 더 구체적이고 종합적인 자연과학으로 자리매김하여 풍수학(風水學)으로 새롭게 태어날 수 있을 것이다.

이러한 과정들은 짧은 시간 내에 만족할 정도의 결론을 얻을 수 있다고 생각하지는 않는다. 이런 과정들을 해결하려는 노력이 현재 여러 연구자들에 의해서 차분하게 진행되고 있으며, 많은 사람들이 동참하고 있다. 그중 상당수는 생물학적인 나이의 한계에도 불구하고 오로지 학문에 대한 작은 기여를 위해 훌륭한 정신력으로 대학원 박사학위과정에서 연구를 수행하고 있다. 이 책에서는 그 결실의 일부를 정리해 두었다.

풍수는 자연의 형상을 중시하고 그의 특징을 명쾌하게 정리하는 형국론(形局論), 형상과 음양오행에 따르는 의미를 강조하는 형국이기론(形局理氣論·形氣論), 음양오행의 관념을 중시하는 이기론(理氣論) 등으로 크게 나눌 수 있다. 이 외에도 여러 이론들이 있지만 여타의 이론들은 이런 기본입장에 새로운 개념을 도입하여 파생한 것이다. 그러므로 특별하게 다루지 않아도 무리가 따르지 않을 것이다.

위의 세 종류 풍수론들은 서로 나름대로의 특징이 있다. 그러나 출발점이 같으므로 기본이론은 거의 유사하다. 그래서 이 책에서는 이들 이론을 망라할 것으로 추측되며, 자연과학적 입장과 비교적 가까운 형기론을 과학적인 접근의 대상으로 설정했다. 특히 형기론 중에서 비교·분석적이며, 형태를 체계적으로 전개한 하남(河南) 장용득(張龍得)이 정리한《명당론》*을 그 구체적인 대상으로 했으며, 여기서 그의 명당론을 편의상 '명당론'이라고 부르기로 한다.

2. 하남 풍수(河南 風水)의 명당론

하남 풍수의 명당론을 이해하기 위해서 그 일부를 인용하면 다음과 같다.

'풍수지리(風水地理)란 산수자연의 생김생김에 대한 이치를 말한다. 지구상의 만물(생물을 의미함)은 땅의 흙(山)과 물(水)과 바람(風 기후의 조화)이 있어야 생육(生育)한다. 만물의 생사가 달려 있는 중대한 요인은 산(山)·수(水)·풍(風)의 작용이라 할 수 있다. 산의 높고 낮음과 억세고 부드러움, 물의 얕고 깊음, 바람의 덥고 시원함과 따뜻함과 차가움 등의 영향으로 삼라만상의 흥망성쇠(興亡盛衰)가 일어난다.

이러한 변화는 지상에 존재하는 모든 물체가 음양오행의 상생상극(相生相剋)의 이치를 갖고 있기 때문이다.

산과 물과 바람은 모두 음(陰), 양(陽), 오행(五行:木火土金水)의 성질을 가지고 있다. 생물의 생사를 주관하는 산과 물과 바람은 자연환경을 말하며, 자연환경에는 자연법칙이 존재하고 이 법칙에 따른 조화에 의해서 모든 생명체는 생육하고 있다.

---

*명당론(明堂論), 명당론 전집 하남의 비결, 장용득 저, 신교출판사, 1976년

이 대지(大地)는 길한 곳[길지(吉地)]과 흉한 곳[흉지(凶地)]으로 구별된다. 산은 길산(吉山)과 흉산(凶山), 물은 길수(吉水)와 흉수(凶水), 바람은 길풍(吉風)과 흉풍(凶風), 만물은 길한 모습[길상(吉相)]과 흉한 모습[흉상(凶相)]으로 각각 나뉜다.

길한 곳에는 길한 산, 길한 물, 길한 바람, 길한 모습 등이 서로 조화를 이루고 있다. 그곳에 있는 만물이 윤택하여 좋은 결실을 맺는다.

한편 흉한 곳에는 흉한 산, 흉한 물, 흉한 바람, 흉한 모습 등이 서로 어우러져 그곳에 있는 만물은 거칠고 허실이 많은 성과를 얻는다.

이런 이치로 명지에는 명당과 명산과 명혈(明穴)이 있고, 흉지에는 망지와 흉산과 비혈(非穴)이 존재한다.

명당은 생거지(生居地)로 집을 짓고 살기에 아주 적합하고, 명혈은 사거지(死居地)로 묘(墓)를 쓰기에 아주 좋다. 흉지는 잡초지(雜草地)이므로 나무를 심고, 비혈은 한유지(閑遊地)로 산이나 밭으로 활용해야 한다.

혈(穴)은 산(山)의 꽃을 말하는데, 집터와 묘터의 길지이다. 산과 물과 바람이 서로 조화를 이루어 음양이 적절하게 배합된 곳이다. 주변의 모든 산들은 혈이 있는 이곳에 집중되어 모든 것들이 혈을 위해 존재하는 것처럼 보인다. 혈은 바람과 물이 감싸 돌아 항상 건조하거나 습하지 않고, 안온한 곳이다.

혈의 모양(穴相)은 바깥으로 튀어나온(突出) 여성의 젖가슴 모양[유상(乳相)]과 돌출한 모양[돌상(突相)]인 양혈(陽穴)과, 안으로 들어간 혈[심혈(深穴)]인 소쿠리 모양[와상(窩相)]과 부젓가락 모양[겸상(鉗相)]인 음혈(陰

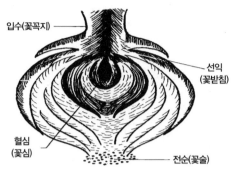

입수(꽃꼭지)

선익
(꽃받침)

혈심
(꽃심)

전순(꽃술)

[그림1-1] 혈의 모양

穴)로 나뉜다. 혈은 입수(入首), 혈판(穴坂), 선익(蟬翼), 전순(前脣)을 갖추어야 한다. 이는 식물의 꽃에 비유된다. [그림1-1]에 나타나 있는 꽃의 단면을 보면 꽃의 꼭지, 꽃심, 꽃받침, 꽃술이 잘 나타나 있다. 이것은 혈에서 각각 입수(꽃꼭지), 혈판 또는 혈심(穴心, 꽃심), 선익(꽃받침), 전순(꽃술)에 해당한다.

3_ 혈이 갖추어야 할 것들

1. 혈심(穴心)

하남 풍수의 명당론에서 주장하는 혈심에 관한 내용은 다음과 같다.

'산에 혈이 되는 곳이 있으면 우선 그 혈판의 생김에서 힘이 뭉쳐 있는지 흩어져 있는지, 둥근 형태인지, 넓은지, 바르고 반듯하게 있는지, 기울어져 있는지, 강한지, 부드러운지 등등을 세밀하게 관찰한다. 혈의 생김에서 상중하부가 각 부위별로 강한지 약한지, 넓은지 좁은지 등을 확인한다.

또 선익의 유무(有無)를 먼저 살펴본 후에, 그 형태가 반드시 혈만을 위해서 있는지, 혈판보다 더 큰지 작은지, 그의 기운이 왕성한지 등을 조사한다.

혈이 입수의 기운을 전부 받을 수 있는지, 입수와 혈이 연결되어 있는지, 입수가 바른지 기울어져 있는지 등도 중요하다.

큰 꽃의 화심(花心)은 깊이 있으며, 작은 꽃의 화심은 얕게 있다. 마찬가지로 혈에도 큰 혈[大穴]과 작은 혈[小穴]이 있다.

큰 혈의 혈심은 깊은 곳에, 작은 혈의 혈심은 얕은 곳에 있다. 지형과 지질에 따라 혈심의 깊이가 결정되지만, 방향[坐向]에 따라 혈심이 고정되지 않는다.'

이와 같이 명당론은 혈심의 중요성을 강조했다. 아울러 입수, 선익, 전순 뿐만 아니라 혈을 중심으로 하여 득수, 파구, 보국이 짜임새 있게 갖추어져야 한다고 주장한다.

2. 혈심의 기본 요건

혈이 되기 위해서는 혈판, 특히 혈심을 이루어야 하고 입수, 전순, 선익, 득수, 파구, 보국 등이 조화를 이루어야 한다. 무엇보다 혈판을 만드는 것이 가장 중요하다.

그러면 '혈판 또는 혈심을 만들다' 의 정의는 무엇일까? 혈의 형태에 따른 깊이나 모양, 토질에 따른 혈심의 깊이, 토질에 따른 혈토의 형태나 색상 등이 '혈심을 만들다' 의 정의에 필요한 변수가 될 수 있는가?

혈이 있는 곳을 지질 구조적으로 살펴보자. 혈이 있는 곳의 지표는 지하의 암반이 풍화작용에 의해 흙으로 변한 부분이다. 이를 표토(表土)라 한다. 표토에 해당하는 토양은 풍화된 정도에 따라 알갱이(grain)의 크기가 아주 작은 것이 있는가 하면, 직경이 수 mm에 이르는 비교적 큰 것도 있다. 흙으로 바뀐 토양의 두께는 수 cm 정도로 풍화가 거의 되지 않은 곳도 있다. 하지만 풍화가 많이 된 곳은 수 m에서 수십 m에 이르는 경우도 있다.

토양층 아래에는 이제 풍화가 되기 시작하는 곳이 있으며, 그 아래쪽에는 균열들이 존재하는 부분이 있고, 그 이하에는 전혀 풍화되지 않은 암반이 존재한다.

'비석비토(非石非土)' 지점이 혈심이다. 많은 풍수가들이 주장하는 이것에 대한 과학적인 근거는 있는가?

토양학을 전공하는 연구자들이 밝힐 내용이지만 풍수가들의 주장에는 수긍되는 점이 있다. 비석비토는 풍화반응의 초기상태이다. 풍화반응이 거의 완료된 지표면에 가까운 토양에는 수많은 미생물이 존재한다. 비(雨)나 낙엽, 먼지, 기후나 환경 등의 영향으로 표토에는 미생물 뿐만 아니라, 지하에 있는 원래의 암반을 구성하는 성분과 표토의 성분 – 광물학(鑛物學)적인 상(相:phases)이나 화학(化學)적인 조성 – 은 서로 다를 확률이 대단히 높다. 지표면에서 지하로 내려갈수록 그 성분이 원래 암반의 것에 가까워질 것이며 흙 속에 살고 있는 미생물의 수와 종류도 적을지 모른다. 그런가 하면 지상의 기온이 섭씨 영하 10도에서 영상 4~50도 사이에서 변하더라도 지하 1.5m 지점에 이르면 온도의 변화폭이 섭씨 5도 이내로 거의 일정하다. 그래서 적어도 적당한 깊이의 지하가 좋은 곳인지도 모른다.

풍수가들이 많이 사용하는 용어 중에 기(氣)라는 것이 있다. 우리 한국의 전통 철학에는 항상 이(理)와 기가 등장한다. 기에 대한 사전적인 의미는 어떠한가?

'기(氣)라는 말은 은(殷)과 주(周)의 갑골문(甲骨文)이나 금문(金文)의 자료 및 《시경(詩經)》,《서경(書經)》에는 보이지 않지만 《논어(論語)》를 비롯하여 전국시대 이후의 각 학파 문헌에 많이 나타난다. 중국의 철학 용어이다. 원래 중국인은 사람의 숨, 바람(대기), 안개, 구름, 김 등을 기로 이해했다. 그들의 기에 대한 인식을 정리하면 다음과 같다.

❶ 기는 공기 모양이며 천지 사이에 꽉 차 있고 인체 속에도 가득 차 있다.

❷ 기는 천지만물을 형성하며, 생명력과 활동력의 근원이어서 사람의 육체와 정신적인 모든 기능도 모두 기에서 생긴다.

❸ 음기(陰氣)와 양기(陽氣) 또는 오행(五行 ; 木火土金水)의 기와 같이 2종류 또는 5종류의 기가 있다. 이 다양한 기의 배합과 순환으로 사물의 이동(異同)이나 생성, 그리고 변화가 일어난다.

❹ 다양한 기의 근본을 원기(元氣)라고 한다. 이 원기에서 만물이 생성한다. 한(漢)나라 이후 여러 가지 계열의 사상에서 기에 의한 생성론이 주장되었다. 송(宋)나라 이후의 성리학에서 기가 물질의 근원을 나타내는 말로서 우주와 인간을 관통하는 이기철학(理氣哲學) 체계에서 매우 중요한 역할을 했다.

땅에서 나온다는 기는 과학적으로 아직 규명된 바 없다. 그것을 믿는 풍수가들은 오염된 토질을 혈심으로 정의하는 것을 거부할 것이다. 그래서 가능하면 암반 가까운 곳에서 나오는 기운을 찾고자 했는지도 모른다.

'오색혈토(五色穴土)'가 있는 곳이 혈심이다. 이것도 일부의 풍수가

들이 주장하는 내용이다. 풍화가 완전히 일어나면 암반을 구성하는 원래의 광물로 분리가 일어나므로 혈이 있는 곳은 균일하고 단순한 색상을 나타낸다. 그런데 암반이 있는 땅 속 깊숙한 곳에서는 상(相)의 분포와 조성(造成)이 불균일하여 부분마다 색상이 다르게 나타난다.

풍화가 완전히 진행되지 않은 곳, 풍화가 이루어지고 있는 곳에서의 색상은 어떠한가. 색깔이 다른 층들이 차례로 쌓여 있는 곳이 아니다. 흙의 각 부분 부분에서의 색깔이 서로 다른 곳, 크기가 직경 수 mm 이하인 작은 부분에서 같은 색깔을 가지는 다양한 색상들로 이루어진 부분이 나타난다. 이 좁은 지역에서 다양하게 발견되는 색상들은 풍화의 영향도 있긴 하지만, 단순히 암반을 구성하는 광물과 그 광물들의 분포와 양에 의해 주로 결정된다. 이것은 또한 암반이 어떤 과정으로 형성된 것인가에 의해서 결정된다. 우리는 예로부터 색상이 다양하면 오색이나 칠색으로 단순화해서 나타내고, 색상이 단순하면 삼색이나 단색으로 그 표현을 단순화한다. 그래서 '오색혈토'는 ① 암반에 가까운 부분(풍화가 진행되고 있는 깊은 곳), ② 많은 색상이 섞여 있는 흙의 의미를 가진다.

이런 논리에서 보면 비석비토와 오색혈토는 같은 의미로 쓰인 내용이다. 이로부터 혈심은 암반 가까이에 있는 풍화가 덜 진행된 곳으로, 비교적 딱딱하여 통기도(permeability)가 별로 높지 않은 암반 자체와 거의 같은 색상을 가진 흙이 있는 곳이다.

토양 아래에는 암반이 존재한다. 암반 아래로 혹은 옆으로 균열이나 단층면 혹은 파쇄된 곳이 있어서 암반이 갈라지면 빈틈이 존재한다. 그러면 암반에 존재하는 비교적 큰 빈틈은 흙이나 땅 혹은 지표의 어떠한 물리적인 성질에 영향을 주는가?

비나 눈을 생각해보자. 눈도 땅에 내려와 녹으면 액체인 물로 변한다. 비는 당연히 액체인 물이다. 하늘에서 내린 눈과 비가 만든 액체인 물은 표토의 토양 속으로 스며 들어가서 어떤 경로로 이동할까. [그림1-2]참고. 개략적인 경로를 알아보자.

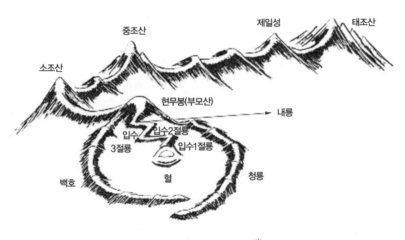

중조산 제일성 태조산
소조산
현무봉(부모산) → 내룡
입수2절룡
입수 입수1절룡
3절룡
백호 혈 청룡

[그림1-2] 명당과 그 주변*

지표의 물은 땅속으로 스며들어 통기대(通氣帶)를 지나 심층부로 이동한다. 이 중 약간의 물은 미세한 입자로 된 부분을 지나면서 입자 상호간의 인력이나 표면장력에 의해 포획되거나 횡방향으로 분산된다. 지표면 바로 아래층으로 식물의 뿌리가 박혀 있는 토양(土壤, soil) 혹은 토양수대(土壤水帶)가 있는데, 이 속에는 식물이 이용할 수 없는

---

*정통풍수지리, 정경연 저, 평단문화사, 2003년.

토습수(hygroscopic water)와, 토양입자에 의해 형성된 모세관에 잡혀 있는 모세관수(capillary water) 및 중력 때문에 토양층을 통과하는 중력수(gravitational water)가 있다.

토양층을 통과한 물은 흙 입자 사이나 암석에 존재하는 빈 공간인 공극(空隙)들을 채운다. 이를 지하수(地下水, ground water)라 한다.

지하수가 존재하는 부분을 포화대라고 하며, 지하수가 모든 공극을 점유하므로 토양의 공극률은 지하수 양에 대한 척도가 된다. 포화대의 바로 위층은 모세관 현상에 의하여 위로 상승한 수분으로 젖게 되는데 이를 모세관수대(capillary zone)라 한다. 이 층의 두께는 토양의 구조에 좌우되므로 지역마다 차이가 있다. 토양수대와 모세관수대 사이에는 중간수대(intermediate zone)가 존재한다. 토양수대를 통과한 침투수는 중간수대를 거쳐 모세관수대와 포화대에 이르게 된다. 포화대에 관입한 우물의 수위를 지하수면(water table)이라고 한다. 그런데 지역에 따라 지하수면의 수위는 다르다. 대기압의 영향을 받는 자유수면을 가지는 지하수를 자유수면(自由水面) 지하수라 한다.

암반은 대체로 공극율이 낮아서 존재하는 지하수의 양이 극미하다. 그런데 만약 틈이 큰 암반의 결함(균열, 단층면, 파쇄대 혹은 빈 공동 등)이 존재하면 암반에 도달한 물이 이곳에 모이게 된다. 만약 이러한 공극의 부피가 크면 모여 있는 물의 양도 많아진다.

비가 오다 그친 후에 빗물은 땅속으로 스며든다. 이 스며든 물은 토양층을 통과하고 비석비토를 통과한 후에 대부분은 불투수층의 표면을 따라 낮은 곳으로 이동하여 흘러간다. 그런데 일부는 암반 속에 있는 공극 속에 고여 있거나, 비교적 큰 암반 결함(파쇄대나 틈이 벌어진 균열, 빈 공동 등) 속에 갇혀 있게 된다. 이 고여 있거나 갇혀 있는 물은 토양속의 모세관을 따라 위로 서서히 올라와 토양을 항상 적시게 된다.

만약 결함을 가진 암반 바로 위에 혈심을 정하면 어떻게 되는가? 그곳의 묘는 항상 물에 흥건히 젖어 있거나 촉촉하게 젖어 있을 것이다. 이런 곳을 혈심이라고 할 수는 없다.

결론적으로 혈심은 무엇보다 기본적으로 균열이나 절리, 단층면, 파쇄대, 공동, 지층 경계 등과 같은 구조적 결함이 없는 암반으로 이루어진 곳이라야 하는 것이다.

3. 혈심의 판정

혈이 되기 위해서는 혈판, 특히 혈심에 구조적인 결함이 전혀 없는 암반이 존재해야 한다. 과학기술이 발달하기 전인 근대에 이르기까지는 암반에 존재하는 결함을 찾아낼 수 있는 방법이 없었다. 약 60여 년 전에 있었던 제2차 세계대전은 많은 사람들을 동시에 죽이기 위한 기술뿐만 아니라 이를 방어할 수 있는 기술도 개발하게 하였다. 그 이후로 전 세계적으로 불어닥친 산업화의 바람은 많은 군사적인 기술들을 상업적으로도 활용하게 만들었다. 그래서 오늘날 우리는 다양하고 풍부한 과학기술 문명을 향유하고 있다.

이러한 시대적인 조류에 따라 암반에 대한 조사기술도 발달했다. 그 근본적인 이유는 지하에 매장된 검은 보석인 석유를 찾아내기 위해서였다. 그래서 개발된 기술들이 탄성파 탐사, 전자파 탐사, 지오

레이더, 전기탐사, 자기탐사, 레이저 탐사 등등이다. 그런데 이런 탐사법들은 구조적 이상 중에서 수십 m 이상에 해당하는 규모가 큰 것을 찾는 데 사용할 수 있다.

풍수에서 확인해야 하는 암반 속에 존재하는 구조적 이상은 그 크기(주로 두께나 폭)가 수 mm에서 수십 cm 정도로 대단히 작은 규모이다. 특히 균열이나 단층면 혹은 지층 경계는 1mm 내외인 것도 많다. 따라서 지금 사용되고 있는 탐사장비로는 이들의 존재를 확인할 수는 없다.

필자의 다른 저서에서* 정밀 자기탐사법에 대한 이론적인 배경과 탐사결과에 대하여 상세하게 설명한 바 있다. 그래서 기본적인 설명은 생략하고 암반에 존재하는 결함을 어떻게 해석하는가에 대해서도 생략한다.

각종 결함들이 암반 속에 존재하면 그 암반은 혈심과 혈이 될 수 없다. 암반 내의 결함을 제외하고는 혈판, 입수, 선익, 전순뿐만 아니라 혈을 중심으로 하여 득수, 파구, 보국이 짜임새 있게 갖추어져 있다고 하더라도 그곳은 절대로 혈이 될 수 없다. 혈심으로서의 자격이 갖춰지지 않으면 혈판이 될 수 없고, 혈이 성립될 수 없기 때문이다.

---

*공학박사의 음택풍수기행, 이문호 저, 영남대출판부, 2006년.

4_ 혈의 모양

1. 와상(窩相)

　와상 혹은 와혈은 우리의 전통 그릇인 소쿠리처럼 안으로 오목하게 들어간 형태이다. 선익, 특히 좌우에 있는 청룡과 백호에 비해서 혈의 위치가 낮은 것이 와혈의 특징이다. 혈의 크기는 대체로 작으나 가끔은 비교적 큰 경우도 있다. [그림1-3]은 와혈의 모형도이다.* 입수로부터 산(山, 龍)의 흐름이 꺾이어 맺힌 후에 비교적 위쪽에 둥근 모양의 혈판이 만들어지고, 혈판의 중앙 상부에 혈심을 이룬다. 이상은 명당론에 기술된 내용이다.

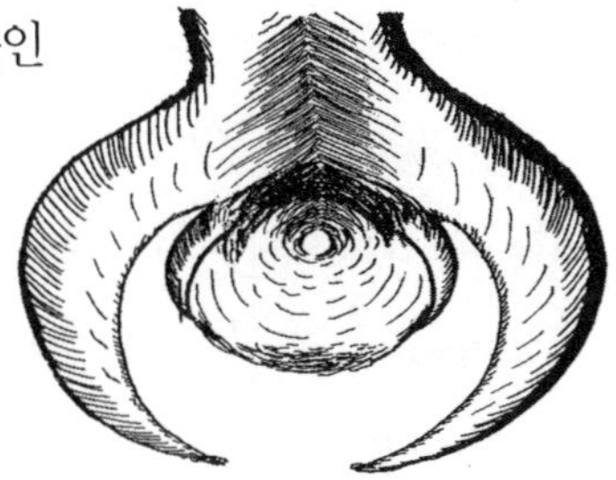

[그림1-3] 와혈의 모형도

　와혈은 혈이 되는 부분이 주위에 비해서 융기하거나, 혈의 주위가

---

*명당론, 장용득 저, 1976년.

융기하여 형성된다. 와혈은 퇴적암(변성암 포함)으로 이루어진 경우와 화성암으로 이루어진 경우로 나뉜다. 퇴적암의 경우에 주위가 융기한 경우와, 화성암이 융기한 경우와 그 주위가 융기한 경우에 와혈이 형성될 수 있다.

먼저 퇴적암으로 된 혈이 융기한 경우를 살펴보자. 이것은 습곡이나 단층작용으로 형성될 수 있다. 이 경우에 혈을 이루는 퇴적층이 주위에 비해서 단단하지 못하면 혈의 주위를 비롯해서 혈심 가까이까지 지판이 파괴되거나 균열과 같은 결함들이 수많이 생성되므로 지질구조적인 결함이 없는 혈을 만들기 어렵다.

반면에 주위가 융기한 경우에는 [그림1-4]에서 보는 것처럼 입수 부분에서만 단층파쇄대가 발견된다. 따라서 이때 관찰되는 혈판에서의 지자기 분포는 [그림1-5]와 같이 된다. [그림1-4]의 결과는 경남 합천군 율곡면 노양리에서 얻은 것이다. 한때 이 나라를 호령했던 어느 국회의원의 몇 대조 산소가 있었던 자리이다. 크기는 5x5m²이다. 이 암반의 상부에는 상당히 높은(약 5m가량) 암이 위로 융기해 있다. 탐사를 행한 암반은 전형적인 퇴적암으로 이루어져 있다. 자

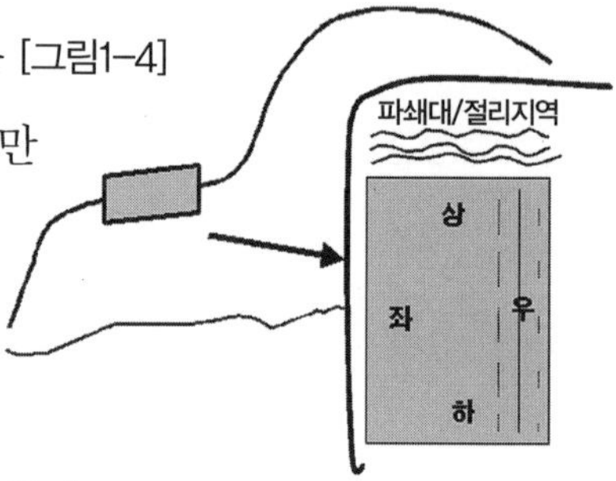

[그림1-4] 혈의 모양

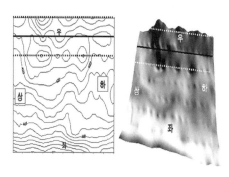

[그림1-5] 혈판에서의 지자기 분포

력은 봉분 앞에서 봉분을 볼 때 왼쪽(좌)이 높고 오른쪽(우)이 낮으며, 상하 간에는 차이가 없다.

따라서 암반은 평평한 판 모양이다. 왼쪽에서 오른쪽으로 약간 (10도 이내) 경사져 있다는 것을 알 수 있다. 오른쪽의 점선이 있는 곳은 자력강도가 낮고, 오른쪽 가장자리에서는 자력강도가 다시 높아진다. 두 점선이 있는 곳은 자력의 (-)/(+) 피크에 해당한다. 이 피크의 중간지점에 있는 실선이 있는 곳이 바로 판이 깨진 곳에 해당한다.

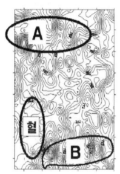 

판의 전체적인 형태가 변하지 않았기 때문에 단층면이 아니고 균열 (crack)에 해당한다. 따라서 이 그림에 나타나 있는 암반에서 가로 4m, 세로 5m 부분은 흠이 전혀 없는 곳이다.

[그림1-6] 화성암으로 이루어진 와혈의 자력분포

화성암이 융기하여 형성된 혈은 퇴적암의 경우와는 다른 형상을 보인다. [그림1-6]은 경북 군위군에 있는 화성암으로 이루어진 와혈을 조사한 결과이다. 가로 8m, 세로 12m인 이곳에서 조사한 자력의 분포를 등고선과 입체형으로 나타낸 것이다. A부분은 입수에 해당하는 곳으로, 지반의 융기로 인하여 파쇄대가 형성되어 있음을 알 수 있다.

B부분도 암반이 깨져 있음을 보여주고 있다. 마루(점선으로 나타난 곳)에 해당하는 것이 혈을 중심으로 하여 그것을 감싸듯이 둘러싸고

있다. 실제로 이 마루는 주변에 비해서 자력이 약간 높은 곳으로, 지하 지반의 풍화작용과 관계가 있다. 암반의 표면은 부분마다 풍화되는 속도가 다르다. 풍화가 많이 일어난 곳은 흙으로 변한 부분이 두꺼워 지표면에서 깊은 곳에 암반표면이 위치하고, 풍화가 느린 곳은 흙층이 얇아 지면에서 얕은 곳에 암반의 표면이 존재하게 된다.

따라서 얕은 곳은 자력분포에서 약간 높은 자력을, 깊은 곳은 약간 낮은 자력으로 각각 나타난다. 점선으로 나타난 자력분포의 마루는 실제로 암반 표면의 마루에 해당하고, 골은 암반의 골에 해당한다. 와혈의 경우에 마루가 혈심을 중심으로 규칙적으로 분포한다는 것은 암반 표면에 있는 주름의 마루가 규칙적으로 배열하고 있다는 의미이다. 따라서 와혈의 가장 이상적인 자력분포는 아래 [그림1-7]과 같은 형태일 것이다.

[그림1-7] 외혈의 가장 이상적인 자력분포

2. 겸상(鉗相)

명당론에서는 불을 다루고 조절하는 부젓가락처럼 생긴 겸상 또는 겸혈의 모양이 [그림1-8]과 같다고 한다. 혈판의 크기가 작기 때문에 퇴적암 지역에서는 생성되기 어렵다. 하지만 화성암 지역에서는 가능하다. 작은 혈판에 파쇄대나 균열이 많이 존재하기 때문에 결함이 없는 부분은 아주 좁을 수밖에 없다. [그림1-7]의 와혈과 거의 유사한 형태의 자력분포를 나타내지만 결함이 없는 지역이 대단히 좁다. 따라서 겸혈의 자력분포는 아래 [그림1-9]와 같이 된다.

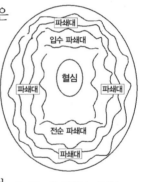

[그림1-8] 겸상 또는 겸혈의 모양

3. 유상(乳相)

여성의 젖가슴 같이 생긴 유상 혹은 유혈은 나무에 과일이 달린 것과 같다. 그 형태는 [그림1-10]과 같다고 명당론에 기술되어 있다. 생성 암석의 종류에 관계없이 형성될 수 있는 모양이다. 유혈은 중·장년기 지형에서는 비교적 큰 규모의 혈이 형성된다. 호남이나 충청, 경기지방과 같은 노년기 지형에서는 크거나 작은 규모의 혈이 도처에 분포한다. 노년기 지형에서는 풍화작용에 의해서 유혈처럼 보이는 곳이 많이 있다. 지반이 형성될 때 혈의 형태를 이룬 경우는 유혈에 해당하지만 천재지변이

파쇄대
입수 파쇄대
혈심
파쇄대 파쇄대
전순 파쇄대
파쇄대

[그림1-9] 겸혈의 자력분포

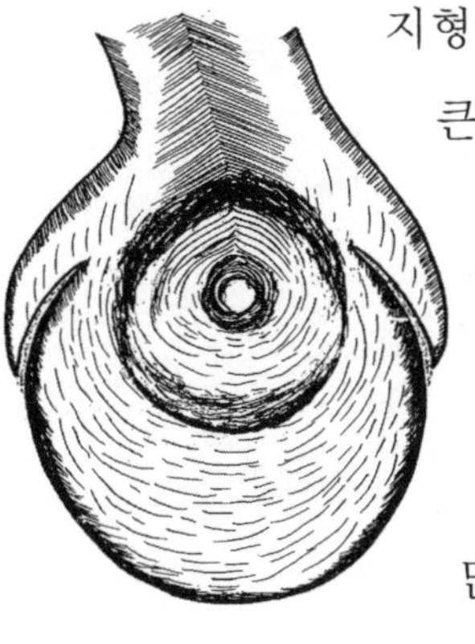

[그림1-10] 유상의 형태

[그림1-11] 유혈의 자력분포

나 인공적인 훼손으로 인해서 형성된 경우나 풍화작용에 의해서 모양을 갖춘 경우는 혈이 아닌 경우가 많다.

유혈은 비교적 큰 혈판을 가진다. 그래서 입수나 전순의 파쇄대 규모는 혈판의 크기에 비해서 상대적으로 크기가 작고, 이로 인한 지자기 이상(또는 교란)도 심하지 않다. 대체로 자력분포는 [그림1-11]과 같이 나타나며, 지각변동에 의해서 혈판의 좁은 부분에는 균열과 같은 결함들이 다수 발견될 수 있다.

4. 돌상(突相)

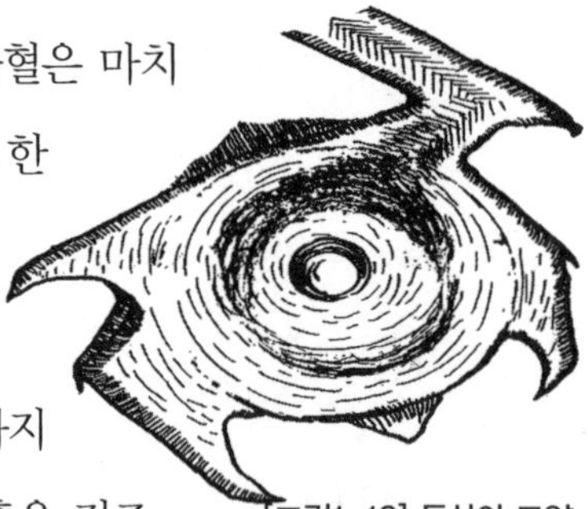

우뚝하게 생긴 혈인 돌상 또는 돌혈은 마치 솥뚜껑을 엎어놓은 것처럼 보이기도 한다. 그 모양은 [그림1-12]와 같다고 명당론에 기술되어 있다. 돌혈은 지반의 융기에 의해서 형성된다. 하지

[그림1-12] 돌상의 모양

만 미국이나 아프리카의 사막지역 혹은 건조지역에서는 풍화에 의해서 돌혈과 같은 봉우리만 남은 경우도 있다. 실제로 기(氣, chi, Qi)에 대해서 관심을 가지는 세계인들 중에 상당수는 전 세계적으로 기가 강한 곳을 21군데쯤으로 이해하고 있다. 그 중에서 4곳이 미국 애리조나 주의 세도나(Sedona City)에 있다고 한다. 그래서 필자는 그것의 실체를 조사하기 위해 2회나 직접 방문하

[그림1-13] 미국 애리조나 주의
세도나에 있는 종 바위

여 그곳의 장(場, field)을 조사 분석한 적이 있다. 자세한 것은 필자의 저서 《펭슈이 사이언스》를 참고하기 바란다.

세도나에 있는 4곳의 기가 강한 곳은 [그림1-13]에 있는 종 바위(Bell Rock)로 특징지을 수 있다. 바다 속에서 형성된 퇴적암층이 지각운동에 의해서 수면 위로 올라온 후에 강물(세도나 강:콜로라도 강의 지류)과 뜨거운 햇살, 그리고 바람과 비에 의해서 뜯겨져 나가 결국에는 미국식 종을 엎어놓은 형상을 하게 되었다.

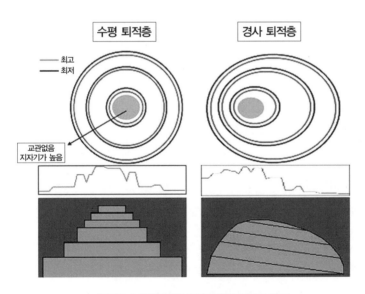

[그림1-14] 퇴적암에 의한 돌혈의 지자기 분포

우리나라의 경우에는 종 바위와는 달리 지층이 약간 경사진 경우가 대부분이므로, 풍화에 의해서 돌혈이 되었을 지라도 혈심은 중앙에 위치하지 않고 한쪽에 치우치게 된다. 앞쪽 [그림1-14]에 퇴적암에 의한 돌혈과 그곳의 지자기 분포를 나타내었다.

우리나라의 경우에는 어떤 돌혈이 일반적일까? 퇴적암에 의해서 생성될 수도 있고, 화성암이나 변성암에 의해서도 혈이 형성될 수 있다. 그런데 우리나라는 유라시아 대륙판과 태평양판이라는 두 개의 거대한 대륙판이 서로 충돌하는 지역에 위치하여 수많은 지각변동이 일어난 곳이다. 아직도 이웃한 일본에서는 지진이나 화산활동과 같은 지각운동이 활발하게 일어나고 있다.

우리나라도 규모는 작지만 수없이 잦은 지진이 발생하고 있다. 우리나라에서 발견되는 지질구조의 이상은 단연 단층이다. 추가령 지구대나 형산강 지구대와 같은 커다란 단층대도 있다. 하지만 이보다 규모는 작아도 아직도 활동하고 있는 수많은 활성단층이 있다. 대단히 작은 규모의 단층은 수없이 많다. 지각운동 때문에 어느 시점에 어떻게 변할지 모르는 이런 지질구조를 가진 땅에서 풍화에 의한 돌혈을 기대하기는 어렵다. 만약 돌혈 모양을 가진 곳이 있다 하더라도 그 암반이 혈로서 가치가 있을지는 조사결과를 검토하지 않고는 장담하기 어렵다.

퇴적암이 아닌 암에 의해서 돌혈이 형성된 경우에 그 지자기분포는 어떻게 나타날까? 물론 돌혈이 되기 위해서는 지반이 융기해야 하므로, 혈을 구성하는 암반의 가장자리는 주변의 다른 암들과 부딪혀 부서지기 때문에 파쇄대를 형성하거나 수많은 파단면이나 균열을 가지고 있다. 그래서 [그림1-12]에 있는 돌혈의 지자기 분포는 아래 [그림1-15]처럼 나타나고, 혈심은 대체로 중앙이 된다.

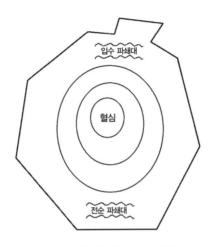

[그림1-15] 돌상 모양의 지자기 분포

5. 인위적인 조성상(造成相)과 조성혈(造成穴)

어떤 곳이든 어떤 집이든 간에 풍수적으로 완벽한 곳은 없다. 나아가 완벽한 이론도 없거니와 완벽한 방법, 완벽한 결론, 완벽한 목표조차 없다. 그런데 관념적인 풍수에 완벽이란 것이 있을 수가 있겠는가. 현재 정립되어 있는 모든 자연법칙도 시간이 지나가면 부분적으로는 수정이 불가피하게 된다. 교과서에 나오는 법칙이 수정을 필요로 하다니 이해하지 못하는 독자도 있으리라 본다. 그러나 실제로 영원불변의 법칙이 존재하지 않는다는 것은 모두가 인정하는 진리이다.(필자는 오히려 이 진리가 변하길 기대한다.)

풍수의 어떤 요소가 결핍되어 만족스럽지 않을 때 그 부분을 보완·보강하는 비보책은 많은 사람들의 관심을 집중시킨다. 그것이 집이든 무엇이든 마찬가지다. 오죽하면 경복궁을 짓고 난 후에 관악산의 화기(火氣)가 너무 강해서 이를 억누르기 위해 물(水)을 상징하는 상상의 동물인 해태를 광화문 양쪽에 각 한 마리씩 돌(石)로 조각하여 세워 두었을까. 어쩌면 마음의 위안을 위한 것이 아닐까?

비보책을 풍수가 아닌 다른 분야에서 적용하면 대단히 유용하다. 보정이나 보완은 어떤 경우에나 필요하다. 그런데 이해가 가지 않는 것은 바로 장례문화에 적용되는 비보책이다. 무엇을 하다가 불만족스럽다면 적당한 핑계를 대고 적당하게 얼버무린다. 이런 얼버무림은 우리의 마음을 편안하게 한다. 모든 것이 마음에서 비롯되는 것이라면 차라리 모든 것에 이토록 편한 얼버무림을 적용하는 것이 좋지 않을까.

대표적인 비보 얼버무림은 공원묘지이다. 주변의 사격은 차치하고 혈이 성립되는 것은 전적으로 지하의 암반에 의해서 결정된다. 토목공사를 통해서 조성된 묏자리는 그 형태가 어떻게 변하든 간에 혈로서 다시 태어날 수가 없다. 같은 이치로 제대로 된 혈의 외관을 다른 모양으로 바꾼다고 해서 비혈로 바뀌는 것은 아니다.

우리가 인위적으로 조성한 혈이나 상을 필자는 조성상(造成相)이라고 칭한다. 조성상은 암반의 구조가 바뀌지 않기 때문에 혈로 거듭나지 못한다.

그런데 만약 암반 자체를 바꾸면 어떻게 될까. 조성하는 도중에 일체의 암반 손상을 일으키지 않고 혈로서의 지반구조를 가질 수 있도록 만들었다면 이런 조성상은 혈이 될 수 있는가? 물론 이때는 혈이 될 수 있다. 주변의 여러 가지 인자들도 함께 보완해야 하지만 이를 우리는 무엇이라 부를 것인가? 조성혈(造成穴)이라고 부르는 것이 가장 적절한 표현으로 보인다.

조성혈을 실제로 만들 수는 있을까. 아마도 조물주에 필적하는 힘을 가진 자는 가능할 것이다. 조성 자체가 불가능하지는 않을 것으로 추측된다.

5_ 명혈은 어떤 곳인가

1. 혈판

1) 혈판의 조건

명혈이 되기 위해서는 우선 혈판이 만들어져야 한다. 혈판이 조성되지 않은 상태에서 혈이 이루어질 수 없다. 혈이 아니면 더더욱 명혈이 될 수 없다. 따라서 명혈이 되기 위해서는 혈판이 이루어지지 않으면 불가능하다.

혈판이란 무엇인가?

혈판은 실제로 존재하는가?

존재한다면 어떤 형태이며 그 성질은 어떠한가?

어떻게 찾아낼 수 있는가?

혈판이 되기 위해서는 어떤 조건들이 충족되어야 하는가?

혈판은 존재한다. 혈판은 지면의 상태를 말하는 것이 아니다. 지면은 지하 암반 혹은 지반 위에 흙이 덮인 상태에서 흙의 표면을 뜻한다. 그래서 혈판을 흙의 표면으로, 소위 땅의 표면으로 생각한다. 하지만 실제로는 땅속에 있는 무엇을 의미한다. 땅속에 있는 무엇은 바로 흙으로 덮인 지반 또는 암반이다.

혈판은 지판, 암반의 표면과 그 위의 땅속의 공간을 의미한다. 지하의 암반표면이 혈판이므로 암반표면이 혈판이 될 수 있는지 없는지 평가해야 한다. 그래서 혈판에 대한 판정은 쉽지 않다. 그것이 흙속에 있기 때문이다.

혈판은 판(板) 형태나 덩어리(塊狀, massive) 형태이다. 하지만 반드시 표면이 평평할 필요는 없다. 암이 깨진 균열이나 절리, 단층면, 파쇄대, 공동, 지층 경계 등과 같은 구조적으로 흠(缺陷, defects)이 없는 암반이 존재해야만 혈심이 된다고 했다. 이런 암반이 바로 혈판이다.

암(岩, rock)은 수분, 공기, 여러 가지 화학물질, 바람, 지진과 같은 기계적 진동, 태양열이나 지열과 같은 열(熱) 등등에 의해서 부셔져 흙으로 그 형태가 바뀌거나 다른 물질로 변하는 풍화반응을 일으킨다. 지표면에 있는 토양에서도 풍화반응이 일어나고 땅속에서도, 지하 암반의 표면에서도, 심지어는 암반 속에서도 일어난다. 이런 풍화작용은 때로는 암반을 부수기도 하고, 가루로 만들기도 한다. 그래서 이 작용은 암반표면 뿐만 아니라 그 내부에도 결함을 만든다.

암은 그 생성원인에 따라 화성암, 퇴적암, 변성암으로 나뉜다. 각 암들은 그 구성 성분이 각각 다르다. 뿐만 아니라 그 구성 상(相, phase)도 각각 다르다. 이런 이유로 인해서 암들이 풍화가 될 때 풍화가 일어나는 방법이나 형태뿐만 아니라 풍화속도도 다르게 된다. 또한 같은 암 내에서도 위치에 따라 구성 성분과 상이 서로 다르기 때문에 풍화가 일어날 때 당연히 위치에 따라 다르게 된다. 경우에 따라서는 풍화에 의해서 암반이 파괴되거나 결함이 생길 수도 있다. 이렇게 암반이 파괴되거나 결함이 생기는 경우에 이 암반은 혈판으로서의 기능을 상실하게 된다.

2) 풍화된 정도와 혈판

풍화에 의해서 암반이 파괴되거나 구조적인 결함이 생성되지 않고, 풍화속도의 차이에 의해서 위치(혹은 장소)마다 풍화가 된 정도에 약간씩 차이가 있는 경우가 있다. 이때 암반의 혈판으로서의 기능이나 자격은 어떠할까? 일단 구조적인 결함이 존재하지 않으므로 혈판으로서는 충분히 자격이 있다. 혈판으로서 자격을 갖추었기에 이곳은 당연히 혈을 구성할 것이다.

[그림1-16]은 경북 영천군 화북면 용소리에 있는 어느 음택을 조사한 결과이다. 조사한 면적은 가로 15m, 세로 18m로 비교적 넓은 지역이다. 하단 중앙과 좌측 중앙 및 우측 상단 세

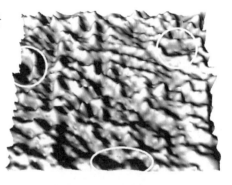

[그림1-16] 경북 영천군 용소리에서 조사한 혈판

곳에 (+)/(−)피크 쌍이 존재하는 것을 제외하고는 구조적인 결함이 존재하지 않는 곳이다. 나머지 지역은 풍화속도의 차이로 인해서 암

반의 표면에 마루와 골이 형성되어 있다. 마치 노인들의 얼굴에 패인 주름살 같은 형태를 하고 있다.

그림에서 흰색의 산맥처럼 나타난 곳은 풍화속도가 느려 실제로 위로 튀어나온 부분을 나타낸다. 어두운 색으로 나타난 곳은 풍화가 많이 되어 안으로 패인 곳이다. 그림에 나타난 주름의 마루와 골은 실제로 마루와 골에 해당한다. 그러나 골과 주름 간의 높이 차이는 50cm 이하로 아주 작다. 그렇지만 골과 마루 간의 자력 차이는 ① 풍화의 정도에 따라 ② 구성하는 암의 자기적 성질에 따라 다르다. 대체로 3~15mG가 일반적이다. 이 정도의 자력분포 차이는 무시할 수 없는 경우가 있다. 하지만 이런 작은 변화도 신중하게 처리해야 할 것이다.

이를 정리하면 다음과 같다. 암의 내부에 구조적인 결함이 존재하지 않으면 암반은 혈판이 될 수 있다. 풍화작용에 의해서 암은 흙으로 변한다. 풍화반응이 많이 진행된 곳은 표토가 두텁고, 진행이 덜 된 곳은 표토가 얇다. 표토가 두꺼운 곳과 얇은 곳의 차이는 지표면에서 측정한 자력의 세기로부터 판별할 수 있다. 풍화속도 차이에 의해서 발생한 암반 표면의 주름은 혈판에 심각한 영향을 미치지 않는다. 다만 풍화반응이 암반 내부에 구조적인 결함을 만든 경우에 암반은 더 이상 혈판으로서의 가치를 상실한다.

3) 풍화된 상태와 혈판

풍화작용에 의해서 암이 흙으로 변할 때 풍화속도의 차이에 의해서 표토가 두텁거나 얇아진다. 표토가 두꺼운 곳과 얇은 곳의 차이는 지표면에서 측정한 자력의 세기로부터 판별할 수 있다.

암의 종류, 구성상이나 성분, 그리고 그들의 분포에 따라 암이 흙으로 변하는 과정과 변한 후에 흙으로서의 성상이 매우 다르다. 어떤 흙은 매우 미세하지만 어떤 흙은 입자가 매우 굵다.

표토의 두께를 지표면에서의 자력 차이로부터 알아낼 수 있듯이, 흙이 미세하거나 굵은 것을 지표면에서의 자력 차이로부터 알아낼 수 있을까. 자기장이나 지질학을 전공하는 사람에게 이 질문을 던지면 어떤 답을 얻을 수 있을까? 지금까지 밝혀진 바에 의하면 '불가' 하다는 것이다. 그러나 여기서는 '가능' 하다.

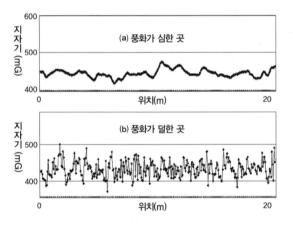

[그림1-17] 경북 영천과 경남 합천에서 측정한 자력의 위치에 따른 변화

[그림1-17]은 표토가 미세한 경우와 굵은 경우에 측정한 위치에 따른 자력의 변화이다. 즉 [그림1-17(a)]은 경북 영천에서 조사한 결과이다. 풍화가 심하여 흙의 입자가 매우 미세하고(평균입경 0.2mm), 지자기의 수직 성분이 425~475mG이다. [그림1-17(b)]는 경남 합천에서 조사한 결과이다. 이곳은 풍화가 심하지 않아 입자의 평균 크기가 5mm이고 모서리가 각진 형태를 하고 있는 입자들이 표토를 구성하고 있다. 지자기는 360~505mG에서 변한다. 자력의 평균값은 거의 비슷하지만 변

동(變動, fluctuation)은 두 경우에 전혀 다르다. 미세한 흙은 변동이 아주 작으나, 굵은 흙은 변동이 매우 크다. 왜 자력의 변동이 흙의 미세함과 관계가 있을까?

[그림1-18]은 빈 공간에 의한 소자효과(消磁效果, demagnetization)를 보여준다. (a)에서 보는 것처럼, 땅속에서 밖으로 나오는 자력선은 균일한 매질인 암반이나 흙을 통과할 때 분포가 균

(a) 균일한 매질   (b) 소자효과(불균일)

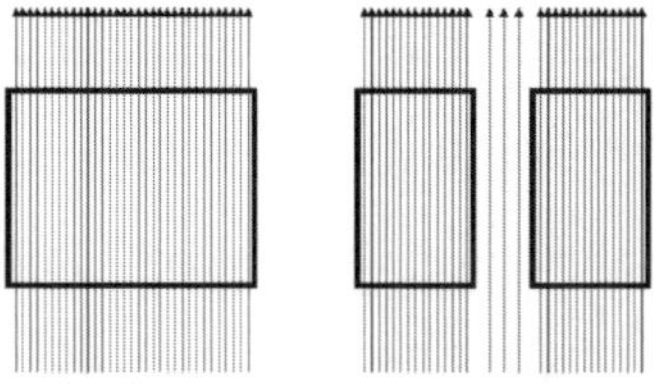

[그림1-18] 빈 공간에 의한 소자효과

일하여 지면에서의 자력분포는 당연히 균일하다. 그런데 균일한 암반이나 흙 속에 빈 공간이 있으면 자력의 분포는 어떻게 될까? 암반이나 균일한 흙의 투자율은 빈 공간이나 공기 또는 진공에 비해서 약간 크다. 투자율이 크다는 것은 자력선을 모으는 능력이 크다는 것을 의미한다. 균일하게 올라온 자력선은 빈 공간에 와서는 흙이나 암반보다 낮은 투자율 때문에 자력선의 밀도가 낮아진다. 낮아진 자력선 밀도는 자력선이 다른 곳으로 빠져나갔다는 것을 의미한다. 그런데 빠져나간 자력선은 암반이나 흙이 있는 곳을 통하여 위로 올라온다. 따라서 빈 공간이 있는 곳의 지면에서는 자력선의 밀도가 낮아지게 된다. 이러한 것을 소자효과라 한다.

흙이 미세한 곳은 흙이 고르게 분포하여 밀도가 균일하고, 흙 입자와 입자 사이의 공간도 균일하다. 그래서 이 경우에는 흙을 균일한 매체로 생각할 수 있다. 따라서 자력의 변동은 균일하게 된다. 다만 암반의 결함이나 표면상태 또는 큰 규모의 흙의 밀도변화에 의해서 자력이 변한다.

반면에 굵은 흙은 입자의 크기가 균일하지 않다. 뿐만 아니라 밀도도 위치마다 다르다. 빈 공간도 불균일하고, 불규칙할 수밖에 없다. 즉 이 경우는 형태와 크기가 각각 불규칙한 빈 공간들이 불균일하게 분포되어 있는 경우와 같다. 자력의 커다란 변화는 암반의 구조와 표면상태 및 밀도 등에 의해서 결정된다. 하지만 굵은 흙의 소자효과와 밀도의 불균일한 분포는 자력의 심한 변동을 일으킨다. 따라서 암반의 풍화상태는 자력의 변동으로부터 판단할 수 있다. 대체로 [그림1-17b)]처럼 자력의 변동이 크면 풍화의 초·중기로, [그림1-17a)]처럼 변동이 거의 없으면 풍화의 말기로 생각할 수 있다.

2. 혈의 구성

1) 혈의 조건

혈은 어떤 조건을 만족해야 할까?

엄밀하게 표현하면 혈이 아닌 혈판 또는 혈심이다. 혈판은 어떤 조건을 만족해야 할까? 혈판은 적어도 혈판이 갖추어야 하는 조건을 만족해야 한다. 여기에 혈판이 되기 위한 새로운 조건들도 만족해야 할 것이다. 우선 혈판이 되기 위한 조건을 정리해보자.

⑴ 혈판은 단일 암반 위에 조성된다.

⑵ 혈판이 위치한 암반 내부에는 구조적인 결함이 전혀 없다.

이상의 두 조건만 만족하면 혈이 될 수 있다. 이러한 조건을 만족하는 혈들은 비교적 많이 분포한다. 경상도 지역에서 조사한 바로는 비교적 많이 존재한다.

좋은 혈이 되기 위해서는 (1)과 (2)의 조건 외에도, 혈심에서의 장(場, field)의 분포가 균일해야 하는데, 이를 위해서는 다음의 조건을 만족해야 한다.

(3) 혈심에서는 풍화가 균일하게 진행되어야 한다. 불균일하게 풍화가 진행되면 암반 내부에 구조적인 결함이 발생할 수도 있다.

(4) 혈심이 위치한 암반의 표면은 평평해야 한다. 이를 위해서 혈심이 있는 곳의 암반은 암을 구성하는 성분이 균일하고 상이 균일하게 분포해야 한다.

만약 상들이 불균일하게 분포하거나 조성이 불균일할 경우에는 ① 풍화가 불균일하게 진행될 수 있으며, ② 혈심이 위치한 곳의 암반표면이 고르지 않게 됨은 물론, ③ 표면이 불규칙해서 평평한 표면을 얻지 못하게 되고, ④ 이로 인해서 자력분포가 불균일하게 되며, ⑤ 불균일한 풍화는 암반 내부에 구조적인 결함을 만들 수도 있다. 이상 (1)~(4)의 조건을 만족하는 혈처를 좋은 혈이라 할 수 있다.

경상도 지역에서는 이런 좋은 혈들이 가끔 발견된다. 다른 지방에서는 아직 본격적인 조사를 해보지 않아서 어떤 결과가 나올지 모르지만 경상도 지역과 비슷한 결과를 얻을 것으로 예상된다.

우수한 혈이 되기 위해서는 (1)~(4)의 조건 외에도 두 가지의 조건을 더 만족해야 한다.

(5) 혈판은 주위보다 약간 높아야 한다. 혈이 오래 보전되기 위해서는 물이나 바람, 열 혹은 그 외의 외부로부터 유입될 수 있는 다양한 물질이나 유동(流動, flux)에 의해서 혈심이 변질되거나 형상이 변하는

것을 막아야 한다. 이를 위해서 주위에 비해서 약간 높은 곳에 혈심이 위치해야 한다. 하남 풍수에서 주장하는 4종류의 혈의 모양이 이것에 해당한다. 즉 평지에서는 이런 조건을 만족하기가 쉽지 않다.

(6) 혈심은 혈판의 중앙에 위치하되, 주위에 비해서 약간 낮은 것이 좋다. (5)에서 혈심이 주위에 비해 약간 높을 경우에는 바람이나 열 혹은 다른 종류의 유동이 진입할 수 있다. 이로부터 혈심이 안전하기 위해서는 혈판의 중앙이 주위에 비해서 약간 낮아야 한다. 약간 꺼진 혈심은 유동에 의해서도 혈심 내부에서는 장의 분포가 변하지 않고, 외부 환경이 변해도 혈심의 상태는 일정하게 된다. 특히 기온의 일교차나 연교차에 의해서도 혈심 내부의 온도 변화가 거의 없기 위해서는 지면에서 1m 이하가 적합하다.

2) 지하의 흐름과 구동력

명혈은 어떤 조건을 만족해야 할까? 이상에서 말한 (1) ~ (6)조건 외에 무엇을 더 충족하면 명혈이 될까. 이건 단순한 문제가 아니다. 깊이 생각해보자.

물질이 이동하기 위해서는 구동력(驅動力, driving force)이 필요하다. 농도 차이나 압력의 차이, 밀도의 차이 등등이 구동력으로 작용한다. 이외에도 포텐셜 차이(potential difference)도 주요 구동력이다. 이런 구동력 중에서 우리가 매일 느끼는 것이 지구 중심으로 작용하는 힘인 지구중력이다.

만약 비가 내렸다고 생각해보자. 빗물은 땅을 적시고 대부분은 낮은 곳으로 흘러간다. 빗물은 땅 위는 물론이고 땅속에서도 흐른다.

땅을 적신 빗물의 일부는 땅속으로 스며들어 지하수로 바뀐다. 지하수도 지구중력 때문에 낮은 곳으로 이동하는데, 지구중력보다 큰 힘이 작용하면 그 힘의 작용대로 움직인다. 음택에 이를 적용하면 재미있는 결과를 얻는다. 대체로 경사진 곳에 위치한 음택에도 비가 내리고 땅 속으로 스며든 지하수는 낮은 곳으로 흐른다.

빗물의 피해를 막기 위해 지상에는 어떤 수단을 마련하는가. 지상에는 봉분 위쪽에 좌우로 물길을 만들어 지면을 따라 흘러내려오는 빗물이 봉분을 공격하지 못하도록 한다. 그뿐만 아니다. 봉분을 만들어 빗물이 혈심으로 직접 침투하지 못하도록 하고, 심지어는 잔디를 심어 혈심으로 침투하는 물의 양을 최소화한다.

땅속은 어떠할까? 우리가 눈으로 확인할 수는 없지만 땅속은 지상과 전혀 다를까, 아니면 거의 유사할까.

혈을 말하기 위해서는 지상의 상황이 물론 중요하다. 그렇지만 음택은 사실 지하의 공간을 의미한다. 그래서 음택을 이야기하고, 음택을 논하고, 음택을 정의하고 그 성질을 파악하려면 지상뿐만 아니라 지하를 면밀하게 파악해야 하지 않을까. 지상에 있는 혈을 말하기 위해서 유사 이래로 풍수에 관심 있는 사람들은 이를 조사 연구하여 체계화하려고 노력했다. 그래서 풍수를 말하는 데 빠짐없이 등장하는 것이 바로 '용혈사수'(龍穴砂水)이다. 이 용혈사수는 지상공간에 대한 논의이며 해결책이다.

그러면 무엇에 대한 대책이며 해결책인가. 바로 흐름, 즉 유동에 대한 대책이며 해결책이다. 여름과 겨울에 전혀 성질이 다른 계절풍이 불어와 유동의 변화가 극심한 우리나라에서는 이를 무시하고 살기 힘들지도 모른다. 그래서 사는 집을 지을 때 유동을 고려하고, 심지어는 사자의 유택인 음택을 조성할 때도 유동을 고려한다.

지상의 유동을 고려하여 도입한 용혈사수는 지하의 유동을 조절할 때 적용되지는 않을까? 이해가 되지 않는다면 유동이나 흐름이 무엇인지 다시 생각해보자. 지하의 유동은 지상과 마찬가지로 물이나 바람 또는 열 등을 비롯해서 여러 가지가 있다.

앞에서 예로 들은 빗물의 경우를 보자. 땅으로 스며든 빗물은 투수층을 통과하여 결국에는 물이 통과하기 어렵거나 불가능한 불투수층의 표면에 도달한다. 이 물은 지구중력의 영향으로 낮은 곳으로 흐르게 된다. 만약 낮은 곳이 물이 통과할 수 없는 장벽으로 막혀 있다면 물은 갇히게 된다.

음택이 있는 지하 암반의 표면은 경사져 있다. 음택이 주로 산기슭이나 비탈 또는 능선과 같은 경사진 곳에 있기 때문에 불투수층의 표면도 자연스럽게 아래쪽으로 기울어질 수밖에 없다. 그래서 대부분의 지하수는 불투수층의 표면을 따라서 낮은 쪽으로 이동한다.

그러다 지하수는 음택을 만나고 혈심에까지 다다른다. 혈심에 다다른 지하수는 암반의 표면형상에 따라 더 아래로 내려가 혈에서 빠져나가기도 하고, 혈심에 남아 있기도 한다. 혈심에 들어온 지하수가 빠져나가기 위해서는 당연히 전순 쪽으로 지하수가 빠져나갈 수 있도록 암반이 열려 있어야 한다. 전순 쪽을 암반이 가로막고 있다면 그 옆으로라도 지하수가 빠져나갈 수 있는 틈이 있어야 한다. 만약 지하수가 빠져나갈 수 있는 장치가 없다면 어떻게 될까. 물론 빠져나갈 열린 곳이 없기 때문에 지하수는 그 속에 갇히게 되고, 모세관 현상에 의해 이 수분은 그 위의 흙을 적시며, 이로 인해서 음택의 광중도 수분으로 젖게 된다.

3) 명혈도(明穴圖)

암반 표면을 따라 흘러 내려온 지하수는 항상 아래로 내려와 혈심이 있는 곳까지 도달할 수밖에 없는가. [그림1-19]를 보자. 무슨 지상(地上)의 명산도(明山圖)를 나타낸 것처럼 보인다. 그런데 이것은 지상의 명산도가 아니고, 혈이 있는 땅 속의 암반표면의 형태를 나타낸 명혈도(明穴圖)이다. 지하의 명혈도. 이런 용어는 지금껏 어느 누구도 사용한 적이 없다. 그 누구도 땅속 명혈의 암반 표면을 본 적이 없기 때문에 이런 용어는 사용된 적이 없다.

명혈을 이야기하기 위해서는 명혈도가 있어야 한다. 혈은 땅속에 관한 이야기이므로 땅 속의 명혈도가 되어야 한다. 표토인 흙 속에는 다양한 성분의 흙과 그들로 구성된 층들이 있다. 이들의 제일 아래쪽에는 이제 막 풍화가 되기 시작하는 암반의 표면이 있고, 그 아래에는 암반이 있다. 암반 위의 흙은 암반의 풍화반응과 그 속도, 그리고 암반의 성질에 따라 변할 것이다. 어떤 부위는 풍화가 천천히 되고, 어떤 곳은 풍화가 빨리 된다. 그래서 우리가 육안으로 관찰할 수 있는 산과 산의 줄기, 또는 계곡처럼 암반의 표면도 높은 곳과 낮

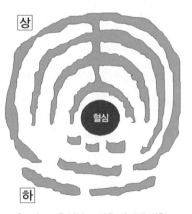

[그림1-19] 암반 표면을 나타낸 명혈도

은 곳, 높은 곳의 흐름(능선)과 낮은 곳의 흐름(계곡)을 지하에 있는 암반표면에서도 관찰할 수 있다. 마치 [그림1-19]에서 보는 것처럼 배열될 수 있다. 물론 거의 대부분은 이런 배열을 보이지 않는다. 명산도와 그 형태가 같다. 암반의 표면이 만약 이런 형상을 이룬다면 어떨까?

명산도의 형태는 우리가 생각해낼 수 있는 이상적인 용혈사수의 배치이다. 이상적인 것이라는 것은 실제로 구현하기 어려운 상상 속의 존재라는 뜻이다. 즉 지상의 흐름을 통제할 수 있는 이상적인 배치이다. 지상에만 흐름이 존재하는 것이 아니라 지하에도 흐름은 존재한다. 그렇다면 지하의 흐름을 이상적으로 조절할 수 있는 암반 표면의 형태는 없는 것일까. 그것이 바로 명혈도이다. 지하의 흐름을 이상적으로 조절하는 명혈도. 이런 혈이야말로 당연히 최고 명혈의 반열에 들 수 있다.

왜 명혈인가? 우선 위쪽에서 흘러내려온 지하수는 산맥처럼 생긴 암반의 능선(명산의 용)이 좌우로 가로막고 있기 때문에 자연히 양 옆으로 흘러 아래로 빠져 나간다. 중간에 내려온 지하수는 그것대로 옆으로 흘러 아래로 빠져 나간다. 명산도에서 물이 빠져나가는 파구(破口)처럼 이 명혈도에도 파구가 있다. 바로 혈심 앞의 능선이 열려 있는 것이다. 이 열린 곳이 바로 혈에서의 파구에 해당한다. 그래서 혈심 바로 위에서 아래로 스며든 지하수나, 우연히도 위에서 흘러내려온 지하수는 혈심으로 들어갔다가 아래로 내려와서 이 파구를 통해 혈심 밖으로 빠져 나간다. 파구 옆의 능선들은 아래쪽에서 들어오는 흐름을 차단한다. 양 옆에 있는 능선들은 그쪽에서 들어오는 흐름을 차단한다. 그래서 혈심은 어떤 흐름도 진입하기 힘들며, 설사 진입했다 하더라도 파구를 통해 빠져나간다.

이런 현상으로부터 우리는 명혈이 되기 위한 새로운 조건을 찾았다. 그것은 '혈의 암반표면은 명산도와 같은 형태이다' 라는 것이다.

4) 명혈의 파구(破口)

명혈도에서 암반의 형태를 자세히 관찰할 필요가 있다. 혈심 위쪽에 있는 암반표면의 형상에서 능선들은 반원을 그리면서 좌우가 거의 연결되어 있으며, 암반 내부의 구조적 결함이 전혀 없는 단일 암반으로 이루어져 있다. 혈심 앞쪽의 능선들은 대부분 서로 연결되지 않고 단절되어 있다. 즉 위쪽은 연결되어 있고, 아래쪽은 단절되어 있는, 위아래가 서로 다른 형상을 하고 있다. 이것은 그 경계에 내부 결함이 존재한다는 것을 의미한다. 그 내부 결함은 바로 균열이나 파단면이다. 이런 결함들에는 빈틈이 있으므로 물이 쉽게 들어갈 수 있으며, 또한 물이 쉽게 밖으로 빠져나갈 수 있도록 한다.

명혈도의 혈심으로 다시 돌아가자. 혈심 아래에 있는 암반은 평평하다. 그래서 이곳에 들어온 지하수는 그 흐름이 원활하지 않아서 파구를 통해 쉽게 빠져 나가지 못한다. 이 물이 빠져 나가기 위해서는 혈심 아래의 암반이 아래쪽으로 약간 기울어져야 한다. 그래도 파구를 통해 밖으로 빠져 나가기가 용이하지 않다. 그런데 혈심 앞에 존재하는 내부결함은 빈틈으로 물이 쉽게 빠져나가도록 한다. 그래서 이 빈틈인 내부결함은 실질적인 파구로 작용할 가능성이 있다. 혈심 아래에 차 있는 지하수가 많을 때는 대부분 능선의 파구를 통해서 밖으로 빠져나간다. 하지만 나머지 잔류 지하수는 바로 이 실질적인 파구인 내부결함을 통해서 밖으로 빠져나갈 수 있다. 그래서 완벽한 파구는 능선에 의한 파구와 실질적인 파구인 균열(혹은 파단면)로 구성된다. 이로부터 명혈이 되기 위한 또 하나의 조건을 찾을 수 있는데 그것은 '혈심 앞에는 내부결함(균열이나 파단면)이 존재한다' 이다.

3. 명혈의 조건

이제 우리는 명혈의 조건을 찾아냈다. 이를 정리하면 다음과 같다.

[혈 – 5급]

(1) 혈판은 단일 암반 위에 조성된다.

(2) 혈판이 위치한 암반 내부에는 구조적인 결함이 전혀 없다.

[좋은 혈 – 4급]

(3) 혈심에서는 풍화가 균일하게 진행된다.

(4) 혈심이 위치한 암반의 표면은 평평하다.

[우수한 혈 – 3급]

(5) 혈판은 주위보다 약간 높다.

[매우 우수한 혈 – 2급]

(6) 혈심은 혈판의 중앙에 위치하되, 주위에 비해서 약간 낮다.

[명혈 – 1급]

(7) 혈의 암반표면은 명산도와 같은 형태를 한다.

(8) 혈심 앞에는 내부결함(균열이나 파단면)이 존재한다.

1) 명혈의 암반

이상 (1) ~ (8)의 조건을 만족하는 명혈의 암반은 어떤 형태를 할까?

그리고 그곳의 자력분포는 어떻게 나타날까?

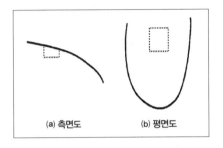

(a) 측면도   (b) 평면도

[그림1-20] 명혈의 조건을 만족하는 암반의 형태

[그림1-20]은 명혈의 조건을 만족하는 암반의 형태를 나타낸 것이다. 암반은 주위에 비해 약간 높고 위로 튀어나와야 한다. 즉 융기한 암반이라야 한다. 암반이 융기하면 [그림1-20]에서 알 수 있는 것처럼 상단부에 바위가 밖으로 돌출하게 되고, 그 부근의 암반 내부에는 구조적 결함이 많이 존재하게 된다. 이것은 마치 입수의 흔적처럼 나타난다. 이때 결함들이 혈심의 암반상태에 영향을 주지 않아야 하는데, 이를 위해서는 혈판이 일정 규모 이상의 크기를 가져야 가능할 것이다.

무엇보다 중요한 것은 혈심과 혈판의 암반 내부에 어떤 결함도 존재하지 않아야 한다는 사실이다. 풍화반응은 암반의 표면 어디에서건 일어난다. 혈심이 되는 암반표면에서도 풍화반응은 일어난다. 그런데 혈심이 되기 위해서는, 특히 명혈의 혈심이 되기 위해서는 풍화가 균일하게 진행해야 한다. 그래서 마치 평평한 바위표면처럼 풍화되어야 한다. 또 한 가지, 혈심은 그림에서 보는 것처럼 주위에 비해 약간 낮아야 한다. 그래서 가운데가 약간 들어간 형태이면서 표면은 평평해야 한다.

명혈을 이루는 암반이 이상의 조건을 만족하면 이곳에서의 자력분

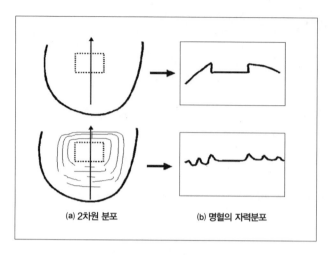

(a) 2차원 분포   (b) 명혈의 자력분포

[그림1-21] 명혈의 자력분포

포는 다음과 같은 특징을 보인다. [그림1-21]

❶ 혈심은 바로 이웃한 곳보다 약간 낮은 자력을 가지면서 균일한
값을 가진다.

❷ 혈심에서 멀어질수록 자력은 점차 낮아진다.

❸ 혈심 주위는 풍화가 균일하게 진행된다.

❹ 입수부에서의 분포는 명산도와 같은 형태이다.

❺ 혈판과 혈심을 제외한 곳에서는 암반 내부의 결함이 존재하여
도 무관하므로 이에 대한 결과인 (+)/(−) 피크 쌍이 나타난다.
특히 입수에 해당하는 곳에서는 반드시 나타난다.

2) 혈의 판정 순서

지하 암반의 표면형태는 자력분포로부터 확인할 수 있다. 즉, 풍화
가 덜 진행된 부분은 지표면에서 얕은 곳에 있고 높은 자력을 보이지

만, 풍화가 많이 진행된 곳은 지표면에서 아주 깊은 곳에 있으며 낮은 자력을 보인다. 그래서 높은 자력을 나타내는 띠는 땅속에 폭이 좁고 높이가 낮은 산맥에 해당한다.

높은 자력 띠가 동심원을 이루면 이와 같은 형태의 작은 지하산맥이 동심원처럼 배열되어 있는 것과 같다. 이런 배열은 땅속에서 발생하는 수분이나 공기 혹은 열의 이동과 같은 여러 종류의 흐름을 막아준다.

그런데 이 경우에 다른 의문이 하나 생긴다. 강수(눈이나 비)와 같이 위에서 스며든 물과 같은 물질 이동에 대해서는 어떻게 보호받을 수 있을까. 땅 속으로 스며든 물질은 중력으로 인해서 낮은 곳으로 이동하게 된다. 그런데 만약 동심원이 완전히 막혀 있다면 혈 밖으로 빠져나갈 수가 없게 된다. 그래서 동심원의 아랫 부분에는 부분적으로 열려 물질 이동이 일어날 수 있도록 배열되면 수직으로 이동한 물질도 자연스럽게 혈심에서 빠져나갈 수 있을 것이다. 이것이 바로 파구이다. 그래서 지상의 용혈사수는 혈이 있는 지하에도 존재한다.

일반적으로는 단일암반으로 이루어지지 않은 음택이 95% 이상이며, 단일 암반일지라도 암반내부에 구조적 결함이 없는 경우는 1% 이내에 지나지 않는다. 일단 이 두 가지 조건을 만족하는 음택은 혈을 이루고 있다고 판정할 수 있다.

그 외에 4가지 조건을 추가로 만족하면 대단히 우수한 혈이다. 여기에다 혈이 있는 지하의 구조가 용혈사수를 만족하면 명혈이라 할 수 있다. 혈의 평가는 이와 같은 순서로 이루어져야 합리적이며 과학적이라 할 수 있다.

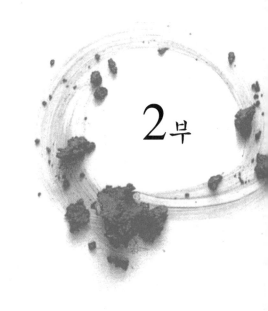

2부

묘지의 입수상태와
자손번성

조 상 을 잘 모 셔 야 자 손 이 번 성 한 다

1_ 과학적 검증을 위해서

세계의 장례문화(葬禮文化)는 크게 다섯 가지다. 첫째 망자(亡者)의 유체(遺體)를 땅에 묻는 매장(埋葬), 둘째 유체를 태워 그 뼈를 모아 장사(葬事)지내는 화장(火葬), 셋째 유체를 들판이나 산 속 혹은 동굴 등에 두어 세월이 지나는 동안 유체가 동물들의 먹이가 되게 하거나 부패되어 없어지고 흙으로 돌아가게 하는 풍장(風葬), 넷째 유체가 들판에서 새의 먹이가 되게 하는 조장(鳥葬), 다섯째 유체를 물에 띄워 보내거나 물속에 넣어버리는 수장(水葬) 등으로 나뉘어진다.[1]

매장은 한국과 중국을 비롯한 유교권이나 이슬람교 및 기독교 문화권에서 가장 많이 행하는 장례방법이다. 화장은 주로 힌두교와 불교 문화권, 서유럽 일부 등에서 행하는 방법이다.[2] 풍장은 북아시아의 고(古) 아시아족, 고지(高地) 아시아의 여러 종족, 인도차이나, 인도네시아, 멜라네시아, 오스트레일리아 등의 일부 종족에서 행해지는 방법이다. 그리고 조장은 인도의 배화교도(파루시)와 티벳 민족에서,

수장은 마셜제도, 폴리네시아, 티벳 일부에서 많이 행하는 장례 방식이다.[1]

우리나라의 장례풍습은 사회계층에 따라 서로 다르며 시대에 따라 변해왔다.[3] 여러 종류의 장례방법이 있지만 매장과 화장이 주류(主流)를 이루었다. 이 중에서 화장은 조선 중기까지 피지배계층에서 주로 성행했던 방식이다. 그 이후에는 매장으로 많이 바뀌었다. 그러나 일제강점기를 거쳐 근·현대에 와서는 묘지난(墓地亂)과 환경정책의 일환으로 화장이 꾸준히 늘고 있는 추세이다.

신석기시대와 청동기시대의 무덤인 고인돌로 미루어 보아 한반도에서의 매장풍습은 선사시대(先史時代)부터 이미 시작되었던 것으로 추정된다.[4]

매장은 그 방법과 입지선정(立地選定)에 따라 다양한 형태를 이루고 있다. 이들 방법과 입지선정은 시대에 따라 여러 가지로 변했다.[5]

오늘날의 경북 고령을 중심으로 하는 대가야에서는 산의 능선을 따라 왕이나 권세가의 무덤을 조성했다.[6] 신라와 백제 및 고구려에서는 주로 평지에 지배자의 무덤을 조성했고,[7] 김유신 장군의 묘[8]와 같이 산의 중턱에 조성한 경우도 있다. 고려시대[9]와 조선시대[10]에는 산봉우리, 산의 상부능선, 산중턱 및 산자락 등과 같이 다양한 곳에 지배계층의 묘를 썼다. 대체로 피지배계층은 묘를 쓰지 않거나, 공동묘지에 유택(幽宅)을 만들거나 화장을 하였다.

1960년대 이후로는 위치를 가리지 않고 무덤을 조성했으며, 최근에 와서는 공동묘지에 유택을 정하거나 화장을 하는 경향이 높다. 여기에서 특이한 점은 왕족, 귀족, 양반들과 같은 지배계층들만이 산봉우리와 산능선(산의 상부)에 매장을 했다는 점이다.[11] 산봉우리에 매장하기 위해서는 많은 비용과 인력이 필요한 것은 물론 때로는 상당한 권세(權勢)나 힘이 요구된다. 이런 것들이 부족하거나 전혀 없는 피지배계층은 당연히 산봉우리 매장이 불가능했을 것이다. 따라서 산봉우리 매장은 권력이나 부의 상징일 수도 있다.[12]

묘지에 관한 우리의 전통관념(傳統觀念)들 중에는 '묘지와 후손의 길흉화복(吉凶禍福)이 관련이 있을지도 모른다'는 설(說)[13~19]이 있다. 하지만 오늘날에 와서는 이 관념은 보편적이지 않다. 이 관념의 진위여부(眞僞與否)와 관계없이 다음의 의문을 제기하는 것은 가능하다.

'산봉우리에 묘를 쓴 지배계층의 후손들은 과연 어떻게 번성(繁盛)했을까?'

지금까지 이 의문점에 대한 연구는 전무(全無)한 상태다. 번성의 의미에는 ❶ 후손들의 신분의 귀천(貴賤) ❷ 부(富)의 척도 ❸ 손(孫)의 개체수(個體數) 증감(增減) 등이 포함되어 있다. 이 중에서 신분의 귀천과 부의 척도는 객관적으로 증빙할 수 있는 자료가 거의 없다. 하지만 후손들의 개체수 변화의 경우는 앞의 두 경우와는 전혀 다르다. 그 이유는 17세기 이후로부터 지배계층의 족보(族譜) 기록이 한반도에서는 보편적인 일이었기 때문이다.[20]

우리 민족이 세계에 자랑할 수 있는 수많은 문화유산들 중에서 족보는 그 시대의 문화적, 사회적 정보를 제공한다.[20] 즉 후손의 개체수 변화, 생몰(生沒)년도, 혼인관계, 사회환경, 묘지정보 등을 비롯한 많은 정보가 기록되어 있다. 이것으로부터 후손의 개체와 그 수의 변화 및 묘지정보로부터 그들의 인과관계(因果關係)를 통계적으로 해석할 수 있을 것으로 추측된다.

족보를 근거로 하여 개체수에 대한 명확한 데이터(data)를 수집하여, 산봉우리와 그 주변에 있는 묘지의 개체 증식(增殖)의 관계를 규명하기 위해서는 '묘지의 위치가 후손의 번성에 영향을 미친다'[21~23]라는 전제가 요구된다. 이를 위해서는 묘지에 대한 3가지 정보에 대한 확보가 가장 중요하다.

❶ 명확한 묘지(소재지, 이장 유무, 유실, 훼손)

❷ 명확한 기록(비문 포함)

❸ 온전한 관리 상태

조선 후기나 일제 시대에 성행했던 기록의 첨삭유무(添削有無)를 확인하는 것도 족보의 허구성 검증에서 대단히 중요하다.[20]

조사대상이 되는 명확한 묘지는 전체 묘지들 중에서 약 10% 정도로 추정되며, 이중에서 명확한 기록을 보유한 것은 10% 미만으로 추정된다. 따라서 연구대상으로 조사가능한 산봉우리 소재 묘지는 그 수가 매우 적어서 1~10ppm정도로 예측된다.[10~12]

여기에서는 산봉우리와 그 주변에 있는 묘지와 그 묘지 후손들의 개체수 번성과의 인과관계를 통계적으로 규명하고자 했다. 연구대상 묘지에 대한 정보를 수집하기 위해서 다음의 실험방법에 기술되어 있는 바와 같이, 연구대상 묘지가 있는 현장에서 간단한 토목측량 방법으로 묘지를 실측하여 묘지의 위치, 배치, 크기 및 경사도 등을 조사했고, 촬영한 사진으로부터 그 형태를 분석했다.

묘지 후손의 개체분석을 위하여 대상묘지와 관련한 족보를 수집하여 관련된 다른 문헌(文獻)과의 비교를 통해서 기록의 허구성을 검정한 후에, 본 연구에서 정의한 방법에 따라 개체 확인과 그 숫자를 조사하여 기초통계자료를 작성했다. 조사된 통계자료는 뒤에 '연구결과를 살펴보다' 쪽에 자세히 기술되어 있다.

이 자료에 기초하여 사회과학 통계분석 프로그램인 SPSS(Version 12.0)를 이용하여 기초통계 자료를 분석하여 통계적인 의미를 비교 검토했다. 그 결과는 결론, SPSS로 분석한 입수이상묘의 절자손율 변화에서 기술하고 있다. 이 통계 분석 결과로부터 묘지의 위치와 후손 개체수의 번성 간의 관련성을 검토하여 5% 이하의 유의확률을 가지는 통계적인 결론을 도출했다.

각 가문과 개인의 사생활 침해를 고려하여 본문에서 족보와 가계도는 상세하게 기술하지 않았다.

2_ 풍수 관련 용어를 정리하다

한국학의 한 영역(領域)을 차지할 수 있는 풍수지리학(또는 풍수학)은
아직 제도권에 진입하지 못한 분야이므로 풍수지리학이란 용어로 표
시할 수 없다. 따라서 여기에서는 풍수관련 용어들과 기타 연구관련
용어들을 다음과 같이 정의한 후에 사용했으며, 역사적으로 살펴본
우리나라의 시대별 장묘 방법과 매장 위치의 변화를 정리했다.

1. 풍수 관련 용어

뒤쪽 [그림2-1]은 풍수지리에서 말하는 명당과 그 주변 산세를 나타
낸 그림이다. 여기서 사용된 용어를 정의하면 다음과 같다.[24~28]

❶ 명당(明堂) : 음택(陰宅) 풍수지리에서 그 자리에 묘를 쓰면 후손
   이 부귀영화를 누린다는 자리.

❷ 음택(陰宅)풍수 : 묘지풍수.

❸ 주산 : 현무봉(부모산)이라고도 하며 특별한 능력을 만들어주는

생기와 내부적인 힘을 가지고 있다는 산.

❹ 용 : 풍수적인 용어로 산맥을 뜻함.

❺ 내룡(맥) : 주산에서 묘(혈)까지 연결된 산맥.

❻ 혈 : 용맥의 생기가 모인 자리.

❼ 청룡 : 주산에서 지대가 낮은 곳을 향해 보는 자세에서 왼쪽에 있는 산.

❽ 백호 : 주산에서 지대가 낮은 곳을 향해 보는 자세에서 오른쪽에 있는 산.

❾ 입수(入首) : 묘 바로 뒤에 두툼하게 뭉쳐진 곳으로, 입수는 입수 1절, 입수 2절, 입수 3절, 입수 4절 등으로 나뉘어짐. 뒤쪽 [그림 2-2][24]

❿ 입수 1절 : 입수의 연장선에서 처음으로 산맥이 꺾이는 곳(15m 내외).[4]

⓫ 입수 2절 : 입수의 연장선에서 입수 1절 이후에 다시 산맥이 꺾이는 곳, 즉 두 번째로 꺾이는 곳(30m 내외).[4]

⓬ 입수정상 : 입수 1절과 입수 2절이 모두 묘가 있는 지표면보다 고도가 높은 경우[그림2-3].

⓭ 입수이상(입수함몰) : 입수 1절과 입수 2절 중에 어느 한 곳이 묘가 있는 지표면보다 낮은 경우[그림2-3].

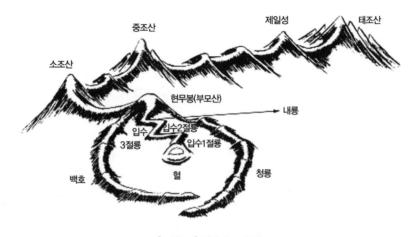

[그림2-1] 명당과 그 주변

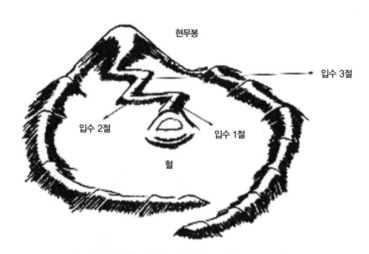

[그림2-2] 내룡의 입수 1절, 입수 2절 및 입수 3절

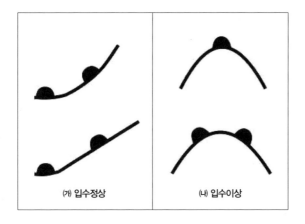

(가) 입수정상   (나) 입수이상

[그림2-3] 입수정상과 입수이상

2. 족보 및 가계도 관련 용어

여기에서 사용한 족보와 가계도에 관련된 용어를 정리하면 다음과 같다.[20]

❶ 족보(族譜) : 한 가문의 계통과 혈통 관계를 기록한 책.

❷ 1대 : 족보에서 증조부 – 조부, 조부 – 부, 부 – 자 등과 같은 1 세대 간의 차이.

❸ 가계도(家系圖) : 한 집안의 계통을 나타낸 그림.

❹ 절자(絶子) : 자식 중에 남아(男兒)가 없어 후대가 끊긴 경우. 절자 여부를 파악할 때는 후대가 없는 것으로 계산하며, 번성여부를 파악할 때는 절자 여부를 따지지 않음.

❺ 계자(繼子) : 후손이 없어 다른 친족(親族)의 아들을 양자(養子)로 입적시킨 것. 절손을 따질 때는 계산을 하되 개체수를 파악할 때는 계자 여부를 따지지 않음.

❻ 출계(出系) : 양자로 입적되어 가버리는 것. 개체수에서 제외함.

(1) 아들의 분류

아들은 장자, 중자 및 말자로 나누어진다.

❶ 장자 : 첫째 아들. 외아들과 장자의 계자는 장자로 인정함.

❷ 중자 : 장자와 말자를 제외한 모든 아들들. 아들이 3인 이상일 경우에 존재함.

❸ 말자 : 막내아들. 아들이 2인 이상일 경우에 존재함.

(2) 손자의 분류

손자는 2대 이상 차이가 나는 혈족(血族)을 말한다.

❶ 장손(長孫) : 직계장손자와 차자(次子)집의 장손자를 포함하여 무조건 맏손자를 말함. 대통의 연속 여부를 판단할 때 중요함. 정의하지 않음.

❷ 말손(末孫) : 직계 말손자와 차자집의 말손자를 포함하며 무조건 말손자를 말함. 자손 개체수의 번성 여부를 가늠하는 척도가 됨.

❸ 직계(直系) 장손 : 기준 인물의 장자 – 장자 – 장자로 이어지는 손자를 말함.

❹ 직계(直系) 말손 : 기준 인물의 말자 – 말자 – 말자로 이어지는 손자를 말함.

3. 시대별 장묘 방법과 매장 위치

한반도에서 주로 거주해온 우리 민족은 시대에 따라 장묘 방법이 다양하게 변하였을 뿐만 아니라, 매장하는 위치도 그 시대와 지역에 따라 달랐다. 역사적인 문헌과 현존하는 유물 및 무덤으로부터 시대 별로 변해온 장묘 방법과 매장 위치를 정리한 결과를 [표2-1]에 나타 내었다.

[표2-1] 우리나라의 시대별 장묘 방법과 매장 위치

구 분	시대별 장묘 방법 및 매장 위치		참고사진
	왕족, 지배계층(귀족, 양반 등)	피지배계층(평민, 천민 등)	
가 야	매장 : 산봉우리, 산능선 (산의 상부)	일부 매장, 화장	[사진2-1]
삼 국	매장 : 주로 평지	화장	[사진2-2] [사진2-3]
고 려	매장 : 산능선(산의 상부), 산 중턱	화장	[사진2-4]
조 선	매장 : 산봉우리, 산능선, 산중턱, 산자락	매장 : 산하부능선, 산자락, 평지, 공동묘지(조선말)	[사진2-5]
근·현대	매장 : 산자락, 평지(논, 밭), 공동·공원묘지, 화장	매장 : 산자락, 평지(논, 밭), 공동·공원묘지, 화장	[사진2-6]

통일신라 이전에 있던 가야, 신라, 백제, 고구려는 거의 동시대였 지만 지배계층의 장례방법과 무덤의 위치가 서로 달랐다[사진2-1, 사 진2-2, 사진2-3]. 고구려, 백제, 신라에서는 주로 평지 또는 하부능선 을 따라 지배층의 묘들이 위치하였지만 따라서 대가야 문화권의 낙 동강 서안~소백산맥 지역의 가야고분들은 모두 산의 능선에 위치하 고 있다. 신라의 경우에도 평지에만 지배자의 능이 위치한 것은 아니

다. 현재 김유신의 묘로 알려져 있는 무덤은 산중턱(또는 능선)에 위치하고 있으며[사진2-3], 문무왕의 해중릉(海中陵)처럼 특이한 무덤도 있다.[29]

고려시대에는 산의 중턱이나 산의 능선(산의 상부)에 무덤이 위치하는데, 이는 이 당시의 풍수지리설(風水地理說)에 의한 영향일 수도 있다[사진2-4].

조선조에는 그 위치가 더욱 다양하게 변하여 산봉우리, 산능선, 산중턱, 산자락, 산비탈 등 산의 어떤 위치에도 묘를 썼다[사진2-5]. 조선 후기에는 당시에 만연해 있던 풍수지리설로 인하여 한반도에 있는 많은 산들이 파헤쳐져 모두 무덤으로 변했다 해도 과언이 아닐 정도였다.

이렇게 만연된 풍수지리설도 1960년대 이후에 불어닥친 산업화와 서양문물의 유입으로 쇠퇴기(衰退期)를 맞았다. 과학적인 근거를 중요시하는 서양문화의 유입은 실증적 자료가 빈곤하고 논리적인 타당성이 확보되어 있지 않은 풍수지리의 입장을 위태롭게 했다. 급기야 풍수지리는 미신(迷信)으로까지 치부(置簿)되었다. 이러한 결과를 초래한 것은 전적으로 결과에만 치우친 풍수지리가들의 미혹적(迷惑的)인 태도와 입장에서 비롯된 것으로 추측된다.

그래서 오늘날에는 풍수지리와는 상관없이 공동묘지나 공원묘지에 묘를 주로 쓰고 있으며, 전체의 50% 이상은 매장이 아닌 화장을 선택하고 있다. 이는 자연보호라는 입장에서 볼 때 매우 바람직한 양상이라고 할 수 있을지도 모른다.

[사진2-1] 가야시대의 고분(경북 고령군 소재)
(출처 : 두산세계대백과사전 엔사이버)

[사진2-2] 신라시대의 괘릉(경북 경주시 소재)
(출처 : 두산세계대백과사전 엔사이버)

[사진2-3] 신라시대의 김유신 장군묘(경북 경주시 소재)

(출처 : 한국관광공사 홈페이지)

[사진2-4] 고려시대의 청송 심씨 시조묘(경북 청송군 소재)

[사진 2-5] 조선시대의 동구릉(경기도 남양주군 소재)

(출처 : 두산세계대백과사전 엔사이버)

[사진 2-6] 현대의 동작동 국립묘지(서울특별시 동작구 소재)

(출처 : 두산세계대백과사전 엔사이버)

3_ 풍수문헌에 나타난 후손 번성

풍수지리 고서(古書)에는 후손의 번성에 대한 내용이 많지 않지만
그 내용들을 정리하면 다음과 같다.

1. 내룡맥(來龍脈)과 후손

내룡과 후손의 번성에 대한 구체적인 내용들은 없다. 그러나 다음
과 같은 기록들이 있다.

❶ 『장경(葬經)』[14]의 취류편(取類篇)

　(ㄱ) 형여연소(形如燕巢)에 법장기요(法葬其凹)면 조토분모(胙土分茅)
　　　하다 : 제비집을 닮은 모양의 움푹 들어간 곳에 장사를 지내
　　　면 땅의 복을 받고 식솔이 늘어난다.

❷ 『명산론(明山論)』[22]의 십이명산편(十二名山篇)

　(ㄱ) 생룡(生龍) - 즉자손장수(則子孫長壽)하다 : 생룡이면 자손이 오
　　　래 산다.

(ㄴ) 사룡(死龍) - 즉자상불절(則死喪不絕)하다 : 사룡이면 죽어 나가는 자가 끊이지 않는다.

(ㄷ) 절룡(絕龍) - 즉자절무후(則死絕無後)하다 : 절룡이면 자손이 죽어 후손이 없다.

❸『명산론(明山論)』[22]의 삼십육룡순회편(三十六龍順會篇)

(ㄱ) 불급(不及) 삼십육룡이급삼십수자(三十六龍而及三十數者) 칙위열군방진(則爲列郡方鎭) 호구수만(戶口數萬) 인물부서(人物富庶) 영호소생(英豪所生) 명신소거야(名臣所居也)하다 : 만약 뻗어오는 용맥의 수가 서른 여섯 개의 용에는 미치지 못할지라도 서른 이상이 되면, 그곳은 여러 지방의 큰 도시가 된다. 호구수는 수만이 되고, 주민들의 삶은 부유하고, 영웅 호걸들이 태어나고, 명신들이 거주하는 곳이 된다.

(ㄴ) 약불급삼십룡이급이십지수(若不及三十龍而及二十之數) 역위소도(亦爲小都) 혹작대읍(或作大邑) 인물창성(人物昌盛) 보화소산야(寶貨所産也)하다 : 용맥의 수가 서른 개의 용에는 이르지 못하지만 스무 개 이상이 되면, 역시 작은 도시를 이루거나 혹은 큰 읍을 이루어 인물이 번창하고, 보물과 재화가 생산되는 곳이 된다.

(ㄷ) 약불급이십룡이급십룡이상자(若不及二十龍而及十龍以上者) 급작진채(及作鎭寨) 관사소주야(官舍所主也)하다 : 용맥이 스무 개의 용에는 미치지 못하지만 열 용 이상이 되면 그곳은 역시 작은 읍 및 군대의 주둔지가 될 수 있으며, 관사가 주재하는 곳이 된다.

(ㄹ) 불급일십룡이급육칠자(不及—十龍而及六七者) 역위인촌(亦爲人村)호구풍족불주손망(戶口豊足不主遜亡)하다 : 용맥의 수가 열 용에는 이르지 못하지만 6~7개의 용이 된다면 그곳은 역시 사람이 사는 촌락이 되며, 집집마다 풍족한 삶을 누리고 망하는 일이 없다.

❹『명당론(明當論)』[22]의 혈상론(穴相論)

(ㄱ) 내룡맥이 다지(多支)하면 다자다손(多子多孫)하다 : 내룡맥에 가지가 많으면 아들과 손자가 많다.

(ㄴ) 내룡맥이 끊어지면 양자자손(養子子孫)이 생긴다 : 내룡맥이 단절(斷絕)되면 후손이 절손(絕孫)된다.

❺『한국의 풍수지리와 건축』[4]의 용(龍)과 명당(明堂)

(ㄱ) 내룡맥에 가지가 많은 경우에는 자손이 많이 태어난다.

(ㄴ) 내룡의 중심 부분이 강하면 장손(長孫)이 잘 되고 가지 부분이 강하면 지손이 잘 된다.

2. 청룡(靑龍)·백호(白虎)와 후손

청룡·백호와 후손의 번성에 관한 상세한 기록들은 거의 없지만 이 기록을 정리하면 다음과 같다.

❶『명당론』[22]의 혈상론

(ㄱ) 청룡상부(靑龍上部) 왕기(旺氣)하면 장자손(長子孫)이 흥왕(興旺)하다 : 청룡산 상부가 튼튼하고 강하면 장자손이 흥하고 복을 많이 받는다.

(ㄴ) 백호상부왕기하면 장외손(長外孫)이 흥왕하다 : 백호산 상부

가 튼튼하고 강하면 장녀손(長女孫)이 흥하고 복을 많이 받는
다.

(ㄷ) 청룡중부(靑龍中部) 서기(瑞氣)하면 중자손(中子孫)이 제일(第一)
이다 : 청룡산 중부가 훌륭하면 중자손이 복을 많이 받는다.

(ㄹ) 백호중부서기하면 중외손(中外孫)이 제일이다 : 백호산 중부
가 훌륭하면 중녀손이 복을 많이 받는다.

(ㅁ) 청룡하부(靑龍下部) 윤기(潤氣)하면 말자손(末子孫)이 발복(發福)
하다 : 청룡산 하부가 훌륭하면 말자손이 복을 많이 받는다.

(ㅂ) 백호하부 윤기하면 말외손(末外孫)이 발복하다 : 백호산 하부
가 훌륭하면 말녀손이 복을 많이 받는다.

❷ 『지리진보(地理眞寶)』[23] 전편(前篇) 청룡(靑龍)과 백호(白虎)

(ㄱ) 청룡산(靑龍山)이 포옹(抱擁)하면 본손(本孫)들이 흥왕(興旺)하다
: 청룡산이 감싸 안으면 본손들이 흥하고 복을 많이 받는다.

(ㄴ) 백호산(白虎山)이 포옹하면 외손(外孫)들이 흥왕하다 : 백호산
이 감싸 안으면 외손들이 흥하고 복을 많이 받는다.

(ㄷ) 용호산(龍虎山)이 왕성(旺盛)하면 본외손(本外孫)이 구흥(俱興)하
다 : 청룡 · 백호가 왕성하면 본손과 외손이 모두 흥한다.

4_ 실험방법과 통계 처리에 대해서

여기에서 수행한 실험방법, 데이터베이스의 확보, 통계 분석 및 검토 등의 과정을 그림으로 나타내면 [그림2-4]와 같다.

후손의 개체수 변화, 즉 자손의 번성유무를 알아보기 위해 묘지의 현장조사, 묘지의 기록조사, 족보 및 기타 문헌을 통해 객관적인 데이터를 확보하고자 하였다.

여기에서 수집한 데이터의 총 개체수는 2,806개체이다. 개체 데이터의 정보로부터 각 후대마다 출생한 개체수, 형제 관계, 그 후손의 연속성, 절손 관계 등을 조사하여 최종 데이터베이스를 구성하였다.

데이터베이스의 통계적 의미를 분석하기 위하여 사회과학 통계프로그램인 SPSS(Version 12.0)프로그램을 활용하였고,[30~33] 분석은 영남대학교 통계연구소에서 이루어졌다. 통계분석 방법으로는 Levene의 등(等) 분산(分散) 검정(Levene Test for Equality of Variance)과 일원배치 분산분석,[34~39] 교차분석[40~42] 등이 사용되었다.

1. 묘지 데이터베이스

기초 조사를 위해 묘지에 대한 현장 조사를 실시하였다. 조사대상 묘지는 [표2-2]에 나타나 있다.

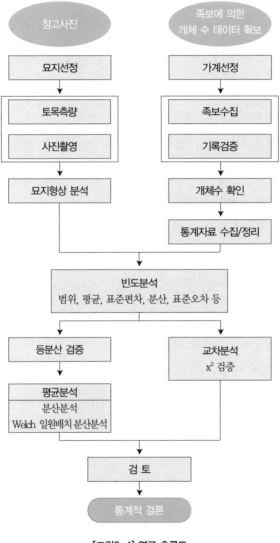

[그림2-4] 연구 흐름도

조사대상 묘지의 전체 숫자는 약 5,000여기였다. 그러나 묘지와 기록의 명확성을 검토한 결과 17곳의 묘지가 선정되었다. 이 중에서

[표2-2] 조사대상 묘지의 특성

소 재 지	경상도, 충청도, 전라도
조성시기	17세기 이후
대상묘지의 총수	약 5,000여기
입수정상군 묘지	9기
입수이상군 묘지	8기

입수정상의 묘지는 9곳, 입수 이상의 묘지는 8곳에 불과하였다. 17기의 묘지는 기준 인물의 아랫대로 5대씩에 걸쳐 기록이 명확한 곳이다. 이들 묘지에서 [그림2-5]의 방법에 의해 필요로 하는 데이터를 수집하였다.

묘지에 대한 데이터베이스를 확보하기 위하여 먼저 대상 묘지를 확인하였다. 묘지의 이력을 확인한 다음, 그 묘지에 대한 자료와 문헌을 확인하였다. 다음 단계는 확인된 묘지를 답사하여 구체적인 측정을 수행하였다. 묘지를 실제 측정하는 방법으로는 먼저 묘지 형태, 즉 입수정상 묘인지 입수이상 묘인지를 파악하였고, 묘지 상태를 확인하고 토목

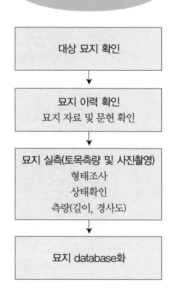

[그림2-5] 묘지 데이터베이스 확보방법

측량을 통하여 묘지의 길이와 경사도 등을 측정하였다.

2. 후손개체 데이터베이스

현지 답사한 묘지에 대한 기록과 후손의 개체 조사를 위해 족보와
기타 문헌을 통해 객관적인 데이터를 확보하였다.

여기에 사용된 족보는 현재 경상도 일원에 있는 씨족 중심 촌락의
집안의 족보를 주된 대상으로 하였고, 그 외에 전라도와 충청도의 일
부 족보도 발췌하였다. 데이터베이스 구성에 사용된 족보 명세표는
[표2-3]에 나타나 있다.

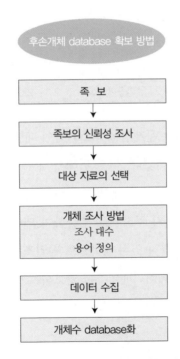

[그림2-6] 후손 개체 데이터베이스 확보 방법

[표2-3] 데이터베이스에 사용된 족보 명세

소 재 지	발행인(처)	발행년도	출판사
밀양박씨 해백공파 세보	해백공파종친회	1997	서울 (창운사)
안동권씨 복야공파 세보	복야공파종친회	1980	서울 (회상사)
안동김씨 대동보	안동김씨종친회	1984	서울(농경출판사)
김해김씨 대동세보	김해김씨종친회	1992	부산 (문일사)
상주박씨 세보	상주박씨종친회	1984	서울 (회상사)
밀양박씨 청제공파 세보	청제공파대종회	1985	서울 (회상사)
달성배씨 청정공파보	청정공파종회	1985	광주(부성출판사)
안동권씨 검교공파보	검교공파종친회	1999	대구 (대보사)
경주이씨 참의공파보	참의공파종친회	1988	대전(보전출판사)
여강이씨 대동보	여강이씨대종회	1984	대전 (회상사)
영일정씨 포은공파 세보	포은공파대종회	1981	서울 (회상사)
경주최씨 중앙종친회 대동보	경주최씨중앙종친회	2006	서울 (창문사)
화순최씨 대동세보	화순최씨대종회	1984	대전(농경출판사)
안동권씨 세보	안동권씨대종회	1982	서울 (회상사)
진주강씨 대동세보	진주강씨대종회	1986	대전 (회상사)
탐진최씨 대종세보	탐진최씨대종회	1988	대전 (회상사)
밀양박씨 전객령후 참의공파 세보	참의공파종회	1993	대구(신천족보사)

족보가 지니고 있는 문제점을 최소화하여 데이터의 신뢰성을 높일 수 있는 방법을 모색하였다. 이를 위해서 대부분 지금 현 대(代)에서 거슬러 올라가 5대까지를 조사 범위로 하였다. 이미 확보한 40개 가문의 족보에서 5대까지 무작위로 추출하여 데이터베이스를 구성하였는데, [표2-5]에 나타나 있는 항목으로 정밀조사하였다.

후손 개체에 대한 데이터베이스를 확보하는 방법은 앞쪽 [그림2-6]에 나타나 있다.

[표2-4] 족보 조사 항목

구 분	항 목	
대 수	아들(1代) – 손자(2代) – 증손자(3代) – 고손자(4代) – 현손자(5代)	
조사항목(99개)	세대별 절자 수(절자율)	– 5대
	세대별 (절)장자 수(절장자율)	– 5대
	세대별 (절)중자 수(절중자율)	– 5대
	세대별 (절)말자 수(절말자율)	– 5대
	세대별 (절)장손 수(절장손율)	– 4대
	세대별 (절)말손 수(절말손율)	– 4대
	세대별 (절)직계장손 수(절직계장손율)	– 4대
	세대별 (절)직계말손 수(절직계말손율)	– 4대

3. 통계처리 방법

(1) 등분산과 평균분석

확보된 데이터베이스에 대하여 통계적인 방법으로 자료를 정리 및 분석하였다. 분석에 사용된 모집단의 수를 2개 집단(입수정상묘 + 입수이상묘), 3개 집단(입수정상묘 + 입수이상묘 + 대조군), 마지막으로 4개 집단(입수정상묘 + 입수이상묘 + 대조군 + 전체집단평균)의 3종류로 나누어 분석하였다.

뒤쪽 [그림2-7]은 분석방법을 도식화한 것이다. 입수이상이 절자, 절장자, 절중자 및 절말자에 미친 영향을 조사하기 위해서 Levene의 등분산 검정과 평균검정을 행하였다. Levene의 등분산 검정은 다수의 집단이 분산의 정도가 같은지를 검정하는 방법으로, 유의수준을 0.05로 취하였을 때 유의확률이 0.05보다 작으면 등분산 가설이 기

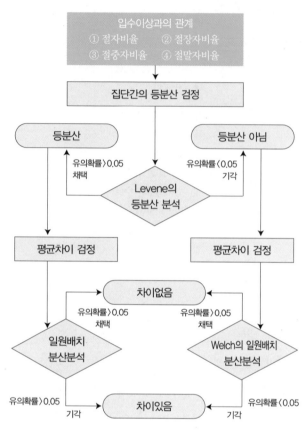

[그림2-7] 등분산 검정과 평균분석

각되며, 유의확률이 0.05보다 크면 집단들이 등분산 분포를 한다는 가설이 채택된다.

　집단들이 등분산을 하는 경우에는 일원배치 분산분석을 행하였다. 분석결과 유의확률이 0.05 이상이 되면 절자율의 평균이 집단들 사이에 차이가 없다는 귀무가설이 채택되어, 입수이상이 절자율에 영향을 미치지 않는다는 결론을 얻게 된다. 그러나 유의확률이 0.05

보다 작으면 절자율의 평균이 집단들 사이에 차이가 없다는 귀무가설이 기각되어, 입수이상이 절자율에 영향을 주어 평균 절자율이 집단별로 차이가 존재한다는 결론을 얻게 된다.

집단들의 분산이 동일하지 않을 때는 평균차이를 검정하기 위해 Welch의 일원배치 분산·분석을 실시하였다. 일원배치 분산·분석과 마찬가지로 유의확률이 0.05 이상이면 귀무가설이 채택되어, 입수이상이 절자율에 영향을 미치지 않는다는 결론을 얻게 된다. 유의확률이 0.05보다 작으면 평균 절자율이 집단들 간에 차이가 없다는 귀무가설이 기각되어, 입수이상이 집단간의 평균절자율에 영향을 준다는 결론이 도출된다.

(2) 교차분석

교차분석은 두 개의 변수를 동시에 교차하는 교차표로 만들어 각각에 해당하는 빈도와 비율에 대한 경우의 수까지 구할 수 있는 분석이다. 특히 비교대상인 종속변수가 등간, 비율척도인 경우에는 집단별 평균분석을 사용하였다. 이것은 평균을 구할 수 없는 척도인 명목, 서열척도인 경우에 사용하는 분석방법이다.

뒤쪽 [그림2-8]은 입수이상이 손자대에 절자손율에 미치는 영향을 분석하기 위해서, 입수이상의 유무와 절손율과의 관계를 교차분석하는 과정을 나타낸 것이다. 입수이상의 유무는 명목척도이며 한 가문의 장(말)손, 직계장(말)손의 절손에 대한 유무도 명목척도이므로 교차분석이 가능하다.

여기에서는 개체수가 20개체 이하이므로 정확한 분석을 위해 교

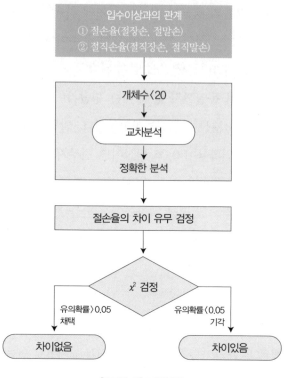

[그림2-8] 교차분석

차 분석을 실시하였다.

'x^2 검정'은 3개 이상의 질적 범주로 구성되어 있는 명목 변수에 있어서, 각 범주의 관찰빈도와 가설에 대한 기대빈도 사이에 의미를 가질만한 차이가 있는가를 검정하는 적합성 검정 방법이다. 즉 주어진 자료가 명목변수인 비연속적 범주로 구성되어 있을 경우, 두 독립표본 집단간의 분포 차이의 유의도를 검정할 때 사용하는 추리통계 방법이다.

'x^2 검정'을 통해 측정된 값이 유의 수준 이상이면 그 가설은 채택되어 평균에는 차이가 없음을 증명할 수 있다. 또한 측정된 값이 유의 수준 이하이면 그 가설은 기각되어 평균에는 차이가 있음을 증명할 수 있다.

앞서 말한 바와 같이 영남대학교 통계연구소에 의뢰해 SPSS 프로그램을 사용하여 분석 통계하였다.

'χ^2 검정'에서 유의확률이 0.05보다 크면 집단간의 절손율이 차이가 없다는 귀무가설이 채택되며, 0.05보다 작으면 귀무가설이 기각되어 집단 간의 절손율에 차이가 있다는 결론을 얻게 된다.

4. 수집자료에 대해서

입수에 이상이 없는 입수정상군과 입수에 이상이 존재하는 입수이상군 묘지의 현장을 측량하여 묘지형상에 대한 종단도를 작성하였다. 여기에서 입수상태가 확인되지 않은 대조군을 포함하여 총 40개 가문 2,806 개체수에 관한 자료들은 족보를 이용해 수집하였다.

(1) 입수 상태

여기에서 사용된 3개의 집단, 즉 입수정상군, 입수이상군, 대조군에 대한 가문수는 각각 9개, 8개, 23개로서 총 40개 가문이다.

입수정상군은 용어의 정의와 실험방법에서 기술된 바와 같이 입수에 이상이 전혀 없는 집단군을 의미하는데, 부부 양위의 묘지가 모두 입수정상인 경우이다. 입수이상군은 입수 1절이나 입수 2절에 이상(함몰)이 존재하는 묘지로서, 부부 양위의 묘지가 모두 이상이 존재하는 경우에 한해서 입수이상으로 선정하였다.

대조군은 입수 상태를 확인하지 않은 단순 대조군을 의미한다. 다른 모든 조건을 무시하고 입수 상태만으로 판정한다면 대조군은 입수정상과 입수이상의 사이에 놓여 있다. 그렇지만 대조군이 양극단인 입수이상과 입수정상의 평균치를 취할 것으로 가정할 수는 없다. 대조군은 2기 모두 입수정상인 경우('입수정상'), 1기만 입수정상(또는 1기만 입수이상)인 경우, 2기 모두 입수이상인 경우('입수이상')로 구성되어 있기 때문이다.

[사진2-7]과 [사진2-8]은 입수이상 묘지와 그 주변을 보여주는 사진들인데, 이들과 나머지 6곳의 묘지들에 대한 입수 상태를 토목측량법으로 조사하여 묘지의 상하 종단도를 작성한 결과 뒤쪽 [그림2-9]와 같이 나타났다.

뒤쪽 [표2-5]는 [그림2-9]의 묘지 종단도로부터 조사한 입수이상 묘

[사진2-7] 경북 영덕군 소재 묘지

[사진2-8] 충북 진천군 소재 묘지

지의 상태를 정리한 결과이다. 묘지 8곳은 부부 2기 모두 입수 1절이
나 입수 2절에 이상이 있는 것이다. 대부분 산의 정상에 위치하고 있
는데 2기만이 산의 정상 바로 아래에 위치하고 있다. 산봉우리나 그
주변에 있는 묘지는 거의 대부분 입수이상에 해당되지만, 능선 바로
아래에 위치하는 묘지도 그 배치에 따라 입수이상에 해당될 수 있다.

입수이상이 발생하는 지점은 전체 8기 중에서 2기만이 입수 2절
이며, 나머지 6기는 입수 1절에 해당한다. 묘지 바로 앞의 상석으로
부터 입수이상이 발생하는 입수 1절까지의 거리는 4~14m였는데 평
균거리는 약 8.5m정도이다. 입수이상이 발생하는 입수 2절까지의
거리는 19~35m이며 평균거리는 약 27m 정도이다. 입수이상이 발
생하는 입수 2절까지의 평균거리는 입수 1절까지의 평균거리에 비해
훨씬 길며 약 3배에 해당되는 것으로 보인다.

[표2-5] 입수이상 묘지들의 입수이상 발생 위치

묘지 일련 번호	소 재 지	입수이상 발생지점		산 정상 소재 여부	비 고
		위 치	묘지로 부터의 거리		
1	경북 영덕군	입수1절	14.0m	○	
2	경북 칠곡군	입수2절	35m	○	
3	충북 진천군	입수1절	9.0m	×	
4	경북 영천시	입수1절	12.0m	○	
5	경북 영덕군	입수1절	9.0m	○	[사진2-7]
6	경북 고령군	입수2절	19.0m	○	
7	경북 고령군	입수1절	3.0m	○	
8	충북 진천군	입수1절	4.0m	×	[사진2-8]

묘지일련번호	소 재 지	묘지일련번호	소 재 지
①	경북 영덕군	⑤	경북 영덕군
②	경북 칠곡군	⑥	경북 고령군
③	충북 진천군	⑦	경북 고령군
④	경북 영천시	⑧	충북 진천군

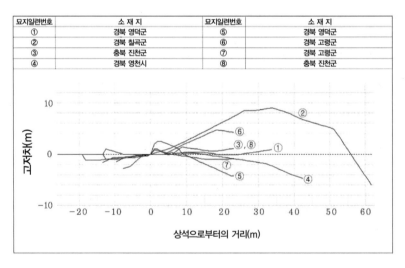

[그림2-9] 입수이상 묘지들의 종단도

(2) 데이터베이스 개요

여기에서 사용한 5대씩으로 구성된 40개 가문에 대한 데이터의 총개체수는 2,806개체이다. 이 데이터는 각 대마다 출생한 개체수, 형제관계, 그 후손의 연속성, 절손관계 등이 포함되어 있다.

[표2-6]은 최종적으로 구성된 데이터베이스의 구조를 나타낸 것이다. 각 항목을 나열하면 다음과 같다.

[표2-6] 데이터베이스의 구조

구 분	합 계	대 조 군	입수정상군	입수이상군
성씨 수	15	7	3	5
가문 수	40	23	9	8
1대 개체수	108	55	22	31
2대 개체수	237	124	41	72
3대 개체수	468	198	92	178
4대 개체수	794	344	188	262
5대 개체수	1,199	513	332	354
총개체수(1대~5대)	2,806	1,234	675	897
1대 절자 개체수	12	7	1	4
2대 절자 개체수	38	22	5	11
3대 절자 개체수	86	46	5	35
4대 절자 개체수	107	65	13	29
5대 절자 개체수	131	65	26	40
총절자 개체수374	205	50	119	
절장자 개체수	170	85	21	64
절중자 개체수	92	46	16	30
절말자 개체수	112	74	13	25
절장손 개체수	87	45	10	32
절말손 개체수	47	33	8	6
절직계장손 개체수	28	15	3	10
절직계말손 개체수	18	14	1	3

❶ 가계도 : 가문

❷ 1~5대 개체수 : 장자, 중자, 말자

❸ 1~5대 절자 개체수 : 장자, 중자, 말자

❹ 절자 개체수와 절자율 : 장자, 중자, 말자

❺ 절장손 개체수 : 1대, 2대, 3대, 4대

❻ 절말손 개체수 : 1대, 2대, 3대, 4대

❼ 절직계장손 개체수 : 1대, 2대, 3대, 4대

❽ 절직계말손 개체수 : 1대, 2대, 3대, 4대

5_ 연구결과를 살펴보다

1. 통계 자료

족보를 이용해 수집한 통계자료들로부터 집단별 총절자(절장자, 절중자, 절말자), 총절손(절장손, 절말손, 절직계장손, 절직계말손)의 가계도를 도식화하고 절자율의 변화를 평균, 표준편차, 최소값 및 최대값을 구하고 그 결과를 분석하여 표와 그래프로 나타내었다.

(1) 절자율

[그림2-10]은 자식의 후대가 끊어진 '절자'가 포함된 대표적인 가계도를 나타낸 것이다. 여기서 절자는 각 가계에서 후대를 잊지 못하고 후손이 끊어진 경우를 의미한다.

그림에서 보듯이 절자는 장자가 끊어지는 절장자, 가운데 형제가 끊어지는 절중자, 막내가 대를 잇지 못하는 절말자로 나뉘어진다.

[그림2-10]의 범례에 나타나 있는 바와 같이 ⊙는 기점산소, ○는

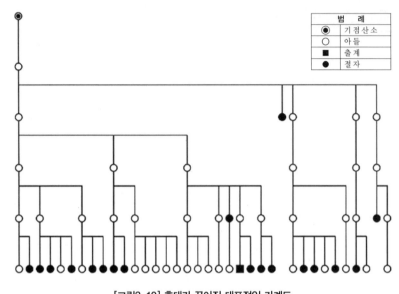

범례

◉	기점산소
○	아들
■	출계
●	절자

[그림2-10] 후대가 끊어진 대표적인 가계도

후대에 아들을 둔 개체, ●는 후손이 없거나 절자된 경우를 나타내며, 마지막으로 ■은 다른 사람에게 출계된 경우를 각각 나타낸다.

각각의 절자마다 가계도와 절자 비율을 세 개의 집단 즉 대조군, 입수정상군, 입수이상군 및 3종류의 모든 군의 합에 대한 평균값을 구해 절자율을 계산하였다.

〈가〉 총절자율

집단별 총절자율의 변화를 평균, 표준편차, 최소값 및 최대값을 구한 결과 [표2-7]과 같이 나타났다. 뒤쪽 [그림2-12]는 [표2-7]의 결과 중에서 평균절자율의 변화만을 그림으로 나타낸 것이다.

입수정상군의 경우 평균절자율이 5.7%로 가장 낮은 절자비율로 나타났다. 입수이상군은 가장 높은 절자율 16.5%를 나타냈는데 이는 입수정상군의 3배에 해당한다. 대조군은 입수이상군과 거의 같은 16.4%로 나타났다. 총절자율만 고려한다면 대조군은 입수이상인 경우와 같다고 할 수 있는 특이한 결과를 보이고 있다. 대조군은 최대값이 36.8, 최소값이 0인데 두 값의 차이가 크기 때문에 표준편차도 10으로 가장 커서 절자율이 넓게 분포되어 있음을 알 수 있다. 이에 비해 입수정상군은 최소값 0.0, 최대값 17.5, 표준편차 5.2로 가장 좁은 절자율 분포를 보인다.

[표2-7] 집단별 총절자율(가문 평균)

(단위 : %)

구 분	평균절자율	표준편차	최소값	최대값
대 조 군	16.4	10	0.0	36.8
입수정상군	5.7	5.2	0.0	17.5
입수이상군	16.5	0.5	10.7	31.9
전체집단평균	12.9	7.6	3.6	28.8

〈나〉 절장자율

[그림2-11]은 절장자 가계도의 일부분을 나타낸 것으로 절장자는 그림에서 보듯이 맏아들, 즉 장자가 아들이 없어 절손된 경우이다.

입수이상군, 입수정상군 및 대조군 등 세 집단에 대한 절장자 비율을 정리한 결과 [표2-8]과 [그림2-12]와 같이 나타났다.

입수이상군, 입수정상군, 대조군 등 세 집단의 평균 절장자 비율은 각각 17.6%, 5.6%, 12.8%로 나타났으며, 입수에 이상이 있는 경우 정상에 비하여 약 3배의 절장자 비율을 보이고 있다. 입수 상태가 명확하지 않은 대조군의 절장자 비율은 입수정상과 입수이상의 사이에 위치하고 있으므로, 대체로 대조군은 입수이상과 입수정상이 혼재해 있는 것으로 추측된다.

절장자 비율 데이터의 표준편차는 입수이상군, 입수정상군, 대조군의 경우 각각 4.8, 6.8, 9.1로 나타났다. 입수이상군의 표준편차가 가장 작다는 것은 입수이상군 가문들의 절장자가 비교적 고르게 발생함을 뜻한다. 입수정상군이나 대조군의 경우에는 절장자율이 0%인 가문이 있는가 하면 최고 36%의 확률을 보이기도 한다.

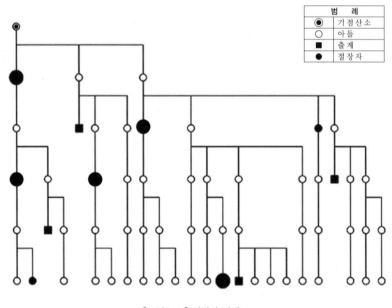

범 례	
◉	기 점 산 소
○	아 들
■	출 계
●	절 장 자

[그림2-11] 절장자 가계도

[표2-8] 집단별 절장자 비율

모 집 단	평균절자율	표준편차	최소값	최대값
대 조 군	12.8	9.1	0.0	35.7
입수정상군	5.6	6.8	0.0	21.7
입수이상군	17.6	4.8	10.2	25.0
전체집단평균	12.0	6.9	3.4	27.5

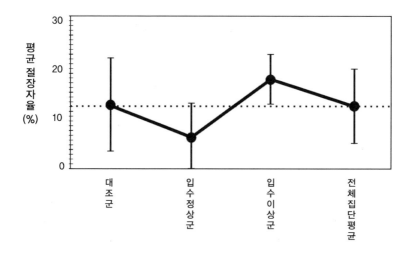

[그림2-12] 집단별 평균 절장자율

〈다〉 절중자율

[그림2-13]은 절중자 가계도의 일부를 나타낸 것으로 절중자는 그림에서 보듯이 가운데 아들, 즉 중자가 아들이 없어 절손된 경우이다.

입수이상군, 입수정상군 및 대조군의 세 집단에 대한 절중자율의 변화를 나타낸 결과 [표2-9]와 [그림2-14]와 같다.

세 집단의 평균 절중자율은 입수이상군 22.7%, 입수정상군 16.7%, 대조군 24.7%로 각각 나타났다. 총절자율이나 절장자율의 변화와는 달리 대조군의 절중자율이 가장 높게 나타났고, 다음으로 입수이상군이 높고 입수정상군이 가장 낮았다. 각 데이터의 표준편차는 입수이상군 13.9, 입수정상군 31.7, 대조군 29.9로 나타났다. 이러한 표준편차는 총절자율이나 절장자율의 10% 미만에 비해서 대단히 큰 값이다. 표준편차가 크다는 것은 데이터가 심하게 분산되었다는 의미이므로 이로부터 어떤 규칙성을 찾기가 용이하지 않음을 의미한다.

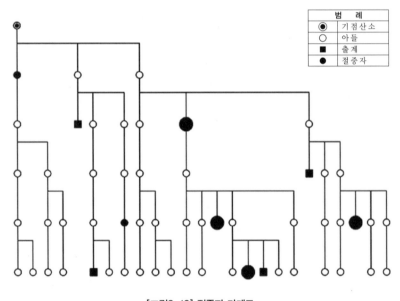

[그림2-13] 절중자 가계도

[표2-9] 집단별 절중자 비율

모 집 단	평균절자율	표준편차	최소값	최대값
대 조 군	24.7	29.9	0.0	100
입수정상군	16.7	31.7	0.0	100
입수이상군	22.7	13.9	10.1	50
전체집단평균	21.4	25.1	3.4	83.3

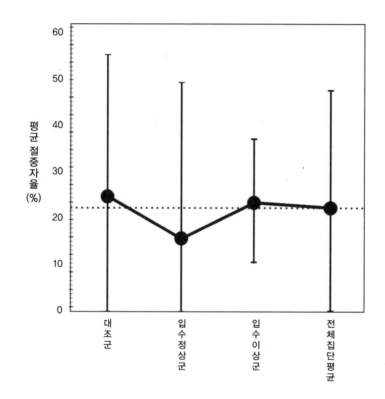

[그림2-14] 집단별 평균절중자율

〈라〉 절말자율

뒤쪽 [그림2-15]는 절말자 가계도의 일부를 나타낸 것으로 절말자는 막내아들인 말자가 아들이 없어 절손된 경우를 뜻한다.

[표2-10]과 [그림2-16]은 3개 집단인 입수이상군, 입수정상군, 대조군에 대한 절말자율을 나타낸 것이다. 평균 절말자율은 입수이상군에 비하여 입수정상군이 낮다. 그러나 입수이상군과 입수정상군 사이에 놓일 것 같은 대조군의 절말자율이 오히려 가장 높은 특이한 결과를 보인다.

대조군이 높게 보이는 특이한 점은 데이터의 표준편차에서도 발견된다. 입수정상에 비해서 약 2.5배나 되는 대조군의 표준편차는 대조군의 절말자율 데이터의 분산이 가장 크다는 의미와 함께, 절말자율 데이터 전체의 신뢰성에 대한 문제도 동시에 제기될 수 있는 가능성을 보이고 있다.

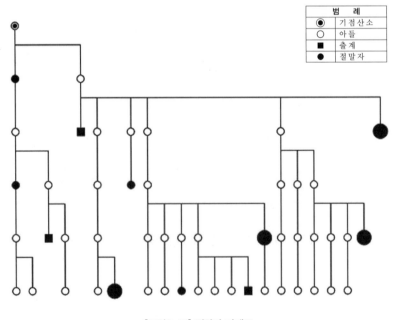

[그림2-15] 절말자 가계도

[표2-10] 집단별 절말자 비율

(단위 : %)

모 집 단	평균절자율	표준편차	최소값	최대값
대 조 군	19.1	16.7	0.0	66.7
입수정상군	4.1	6.5	0.0	20.0
입수이상군	12.5	14.0	0.0	42.9
전체집단평균	11.9	12.4	0.0	43.2

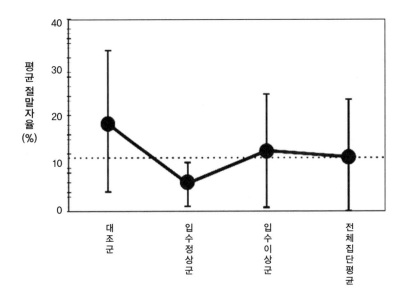

[그림2-16] 집단별 평균 절말자율

〈마〉 절자율 종합

세 종류의 집단인 입수이상군, 입수정상군, 대조군에 대한 ❶ 총절
자율 ❷ 절장자율 ❸ 절중자율 ❹ 절말자율들을 개별적으로 조사하였
다. 각각의 절자율 변화가 절자율 연구에서 대단히 중요한 의미를 가
질 것으로 예상되지만, 입수 상태에 따른 개별 절자율의 변화는 물론

이거니와 개별 절자율이 전체 절자율의 변화에 미치는 영향을 확인 하는 것도 중요할 것으로 보인다. 이를 위해서 개별 절자율의 변화를 동시에 나타냈다. 그 결과는 [표2-11]과 [그림2-17]과 같다.

[표2-11] 집단별 절자율 변화

(단위 : %)

모 집 단	총절자율	절장자율	절중자율	절말자율
대 조 군	16.4	12.8	24.7	19.1
입수정상군	5.7	5.6	16.7	4.1
입수이상군	16.5	17.6	22.7	12.5
전체집단평균	14.1	12.0	21.4	11.9

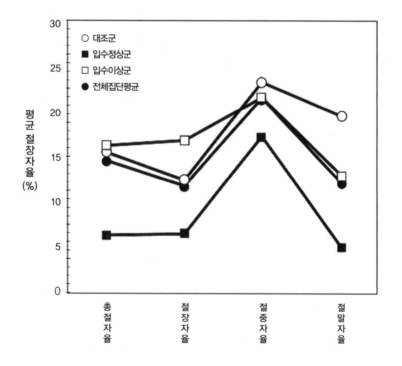

[그림2-17] 집단별 평균절자율 변화

앞에서 조사한 바와 같이 절중자율의 표준편차가 총절자율이나 절장자율의 표준편차에 비해서 대단히 커서 데이터의 신뢰도가 의문시되지만 단순히 평균값들만을 서로 비교하면 다음과 같이 의외의 결과를 얻게 된다.

❶ 집단에 상관없이 절중자율은 절말자율이나 절장자율에 비해서 훨씬 높다.

❷ 절중자율이 16.7%~24.7%로 대단히 높지만, 총절자율이 이보다 훨씬 낮은 5.7~16.5%에 지나지 않는다. 이는 전체 아들 중에서 중자가 차지하는 비율이 높지 않기 때문인 것으로 추측된다.

(2) 절손율

손자는 단순히 '아들'의 '아들'이라는 의미를 가진다. 손자가 아들을 두지 못해 발생하는 절손은 단순히 절자율의 제곱에 해당하는 확률을 가질 수도 있다. 그러나 그 외의 다른 이유로 인해서 절손율이 달라질 수도 있다.

절자의 경우는 절장자, 절중자, 절말자로 구분이 가능하다. 하지만 절손의 경우에는 절장손, 절중손, 절말손 등으로 구별하는 것이 용이하지 않다. 그래서 여기에서는 절손 중에서 절장손, 절말손, 절직계장손, 절직계말손 등 4종류의 절손에 국한하여 조사하였다.

[그림2-18]은 절손 가계도의 일부를 나타낸 것으로 절손 상황을 잘 보여주고 있다. 절손이 된 경우에는 가까운 친척 중에서 입양된 사람이 대를 다시 잇게 된다. 그런데 그중에는 아주 특이한 경우가 발견된다. [그림2-18]에서 예를 찾을 수 있다. 그림에서 A, B, C로 나타낸

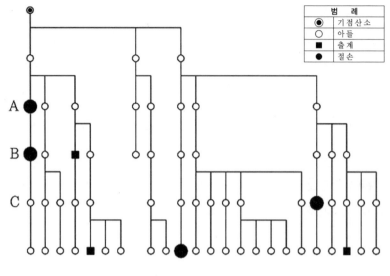

[그림2-18] 대표적인 절손 가계도

경우와 같이 A가 아들이 없어 B를 양자로 받아 들였으나, B 마저 아들이 없어 다시 C를 양 자로 받아들이는 경우도 가끔 발견된다. 그런데 이러한 것은 2대 연속으로 절손된 경우이 다. 이와는 달리 [그림2-19]에서

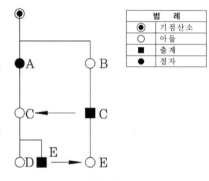

[그림2-19] 양가독자 가계도

보는 바와 같이 아들 형제인 A와 B에게 오로지 한 명의 아들인 C가 태어났으며(C를 양가 독자로 부르기도 한다), C에게서 D와 E 등 두 명의 아들이 태어나 D는 A의 손자로, E는 B의 손자로 입적되었다. D와 E 는 형제(2촌간)이지만 양가 독자에게서 입적되었기 때문에 서로 6촌 간으로 벌어지게 된다.

(가) 절장손율

장손은 단순히 장자의 장자를 의미한다. 5대까지의 가계도를 나타내면 여러 명의 장자와 장손이 존재한다. 여러 명의 장손들 중에는 후대에 아들을 두지 못하여 절손이 된 경우도 많다. 뒤쪽 [그림2-20]은 절장손 가계도의 일부를 나타낸 것으로 절장손을 명확하게 보여주고 있다. 그림에서 A는 기점산소의 장손이 절손된 경우이다. 하지만 B는 절장손이 아닌 절장자에 해당한다. 그리고 C는 기점산소의 말자에 대한 장손이므로 절장손에 해당한다. 이를 정리하면 A와 C는 절장손이지만 B는 절장손이 아니다.

입수이상군, 입수정상군, 대조군 등 세 개 집단의 절장손율에 대하여 조사한 결과를 [표2-12]와 [그림2-21]에 나타내었다. 절장손을 1회 이상 경험한 가문의 비율은 입수이상군 100%, 입수정상군 44.4%, 대조군 69.6%로 각각 나타났다. 그런데 입수정상군에 비해서 입수이상군은 약 2배 이상의 절장손율을 보인다. 대조군과 입수이상군의 절장손율은 큰 차이를 보이지 않는다. 이러한 특징은 절장자율의 변화와 거의 유사하다.

[표2-12] 집단별 절장손율

(단위 : %)

집 단	전체개체수(가문)	절장손수(가문)	절장손율(%)
대 조 군	23	16	69.6
입수정상군	9	4	44.4
입수이상군	8	8	100.0
전체집단평균	40	28	70.0

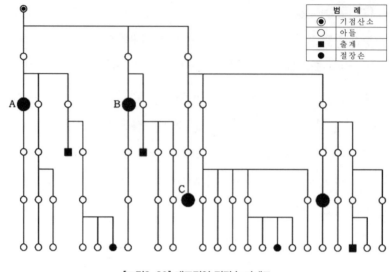

[그림2-20] 대표적인 절장손 가계도

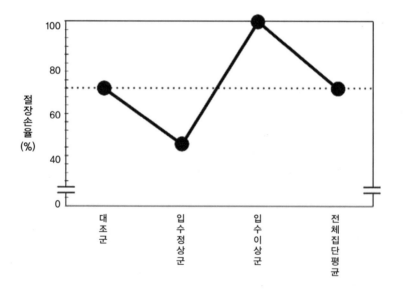

[그림2-21] 집단별 평균절장손율 변화

(나) 절말손율

장손과 마찬가지로 말손은 '말자의 말자'를 의미한다. 물론 '말자 – 말자 – 말자'도 말손에 해당한다. 5대까지를 표시한 가계도에서는 여러 명의 말자와 말손이 존재한다. [그림2-22]는 대표적인 절말손 가계도를 나타낸 것이다. A는 기점산소의 절말손에 해당하며, B는 기점산소의 아들에 대한 절말손이다. 그리고 C와 D는 기점산소의 손자에 대한 절말손들이다.

3개의 집단(입수이상군, 입수정상군, 대조군)에 대하여 조사한 절말손을 1회 이상 경험한 가문 비율(줄여서 '절말손율'로 표기함)의 변화는 [표2-13]과 [그림2-23]에 나타내었다. 입수이상군(62.5%)이 입수정상군(55.6%)에 비해 약간 낮은 절말손율을 보인다. 하지만 두 경우 모두 대조군(60.9%)과 큰 차이를 보이지 않는다. 즉 입수상태가 절말손율에 별다른 영향을 주지 않을 수도 있다는 것을 뜻한다.

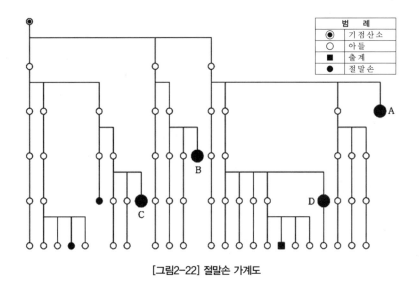

범 례	
◉	기점산소
○	아들
■	출계
●	절말손

[그림2-22] 절말손 가계도

[표2-13] 집단별 평균절말손율 변화

집 단	전체개체수(가문)	절말손수(가문)	절말손율(%)
대조군	23	14	60.9
입수정상군	9	5	55.6
입수이상군	8	5	62.5
전체집단평균	40	24	60.0

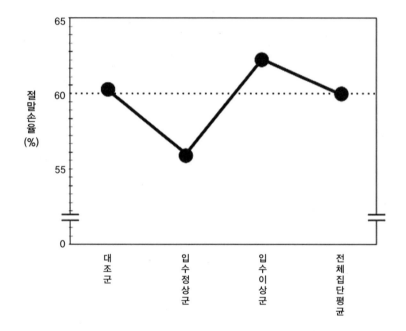

[그림2-23] 집단별 평균절말손율 변화

(다) 절직계 장손율

직계장손은 기준 인물의 '장자 - 장자', '장자 - 장자 - 장자', '장자 - 장자 - 장자 - 장자', 혹은 '장자 - 장자 - 장자 - 장자 - 장자'를 의미한다. 일명 종손이라고 하지만 정확하게는 주손(主孫)의 의미이다. 따라서 직계장손은 오직 한 줄기만 존재한다. [그림2-24]는 대표적인 절직계장손을 보여주는 가계도이다.

  3개의 집단(입수이상군, 입수정상군, 대조군)에 대하여 조사한 절직계장손을 경험한 가문비율(줄여서 '절직계장손율'로 표기함)의 변화를 [표2-14]와 [그림2-25]에 나타내었다. 입수에 이상이 있는 경우에는 대상인 8개의 가문 중에서 모두 직계장손이 기점산소에서 5대 이내에 절손되어 절손 확률이 100%에 이른다. 입수정상이나 대조군은 각각 33.3%, 52.2%로 입수이상의 100%와는 현저한 차이를 보인다. 대조군은 입수이상군과 입수정상군 사이에 해당한다. 그러므로 입수이상군과 입수정상군은 양극단으로 고려할 수도 있을 것이다.

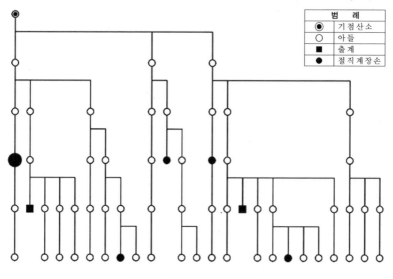

[그림2-24] 절직계장손 가계도

[표2-14] 집단별 절직계장손율

집 단	전체개체수(가문)	절직계장손수(가문)	절직계장손율(%)
대 조 군	23	12	52.2
입수정상군	9	3	55.6
입수이상군	8	8	62.5
전체집단평균	40	23	60.0

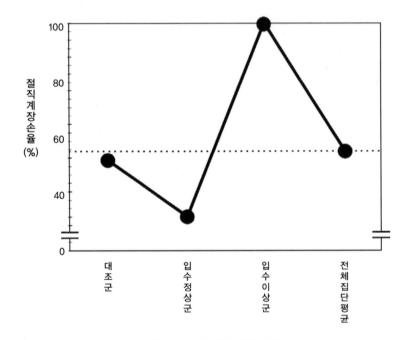

[그림2-25] 집단별 절직계장손 변화

(라) 절직계 말손율

직계장손과 마찬가지로 직계말손은 기준인물의 '말자 − 말자',

'말자 − 말자 − 말자', '말자 − 말자 − 말자 − 말자', '말자 − 말자

− 말자 − 말자 − 말자'를 의미한다. 일명 종말손이라고 하지만 정확

한 표현이 아니다. 직계장손과 마찬가지로 직계말손도 기준인물에게
는 오직 한 줄기만 존재한다. [그림2-26]은 대표적인 절직계말손 가계
도이다. [표2-15]와 [그림2-27]은 3개체의 집단(입수이상군, 입수정상군, 대
조군)에 대하여 조사한 절직계말손율의 변화를 나타낸 것이다. 절직
계말손율은 대조군이 52.2%로 가장 높았다. 그리고 입수이상군은
37.5%로 입수정상군 11.1%에 비하여 약간 높은 값을 나타내었다. 대
조군이 입수정상군이나 입수이상군에 비하여 훨씬 높게 나타났으므
로 입수상태가 절직계말손율에 영향을 주지 않을 수도 있다는 것을
예측할 수 있다.

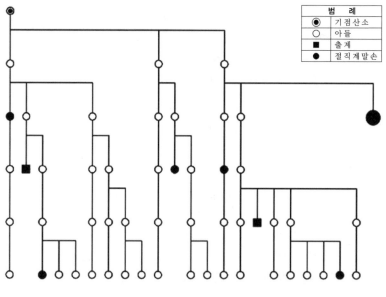

[그림2-26] 대표적인 절직계말손 가계도

[표2-15] 집단별 절직계말손율

집 단	전체개체수(가문)	절직계말손수(가문)	절직계말손율(%)
대조군	23	12	52.2
입수정상군	9	1	11.1
입수이상군	8	3	37.5
전체집단평균	40	16	40.0

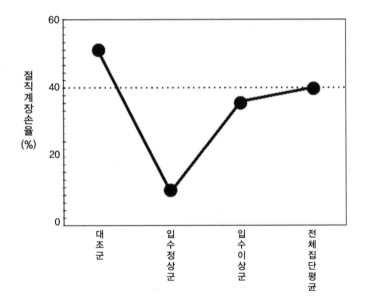

[그림2-27] 집단별 평균 절직계말손율 변화

(마) 절손율 종합

집단에 따른 절손율의 변화경향을 확인하기 위해서 개별 절손율 변화를 [표2-16]과 [그림2-28]에 나타내었다. 특이하게도 절장손율과 절말손율의 집단별 변화 경향이 서로 다르게 나타났다. 이것은 입수 상태가 두 종류의 절손율에 미치는 영향이 동일하지 않거나, 아무런 영향을 주지 않는다는 것을 의미한다.

절직계장손율과 절직계말손율의 집단별 변화도 다소 다르게 나타
나는데 이는 입수상태가 두 종류의 절손율에 미치는 영향이 같지 않
다는 것을 의미한다.

[표2-16] 집단별 평균 절손율 변화

(단위 : %)

절 손 율	대 조 군	입수정상군	입수이상군	평 균
절 장 손	69.6	44.4	100	71.3
절 말 손	60.9	55.6	62.5	59.7
절직계장손	52.2	33.3	100	61.8
절직계말손	52.2	11.1	37.5	33.6

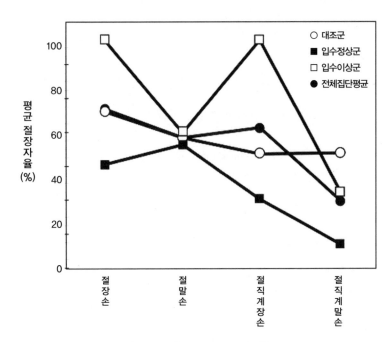

[그림2-28] 집단별 절손율의 변화

2. 입수 이상이 절자율에 미치는 영향

[그림2-7]에 나타난 바와 같이 등분산과 평균분석을 통하여 입수이상이 절자율에 미치는 영향을 분석하였다.

(1) 총절자율

[표2-17]과 [표2-18]은 입수이상과 절자율과의 관계를 확인하기 위해 '입수 상태에 따라 총절자율의 변화에 차이가 없다' 라는 귀무가설하에 통계 분석한 데이터이다.

Levene의 등분산 검정에 대한 결과는 [표2-17]에서 보는 바와 같다. 유의확률이 0.037이므로 유의수준 0.05보다 작기 때문에 귀무가설 '각 집단의 분산은 모두 같다' 가 기각된다. 즉 등분산 가정이 만족되지 않는다.

입수상태가 서로 다를 때 총절자율의 평균의 차이가 있는지 알아보기 위해 Welch의 일원배치 분산분석을 실시하였다. [표2-18]에서

[표2-17] 총절자율에 대한 Levene의 등분산 분석

Levene 통계량	유의확률(p)
3.625	0.037

[표2-18] 총절자율에 대한 Welch의 일원배치 분산 분석

유의수준 : * $p < 0.05$ ** $p < 0.01$

구 분		개체 수	평 균	표준편차	F값
절자비율	대 조 군	23	0.164[a]	0.100	
	입수정상군	9	0.057[b]	0.052	9.774**
	입수이상군	8	0.165[a]	0.075	
	전 체		40	0.141	0.096

보는 바와 같이 F=9.774(p<.05)로 유의확률이 유의수준 0.05보다 작기 때문에 귀무가설 '입수상태에 따른 절자 비율의 차이가 없다'는 기각된다. 따라서 입수이상군과 입수정상군, 대조군 간의 집단별 절자 비율은 통계적으로 차이가 있다고 할 수 있다.

동일 집단 여부를 확인하기 위해서 사후검정을 실시하였는데 그 결과는 [표2-18]에 자세히 나타나 있다. 표의 [평균]항에 첨자 a와 b는 서로 다른 집단임을 나타낸다. 따라서 첨자 a로 표시된 대조군과 입수이상군은 같은 집단이며, 입수정상군은 대조군 및 입수이상군과는 다른 집단이다. 즉 절자율의 평균은 입수정상군과 입수이상군이 서로 다르며, 입수정상군과 대조군은 서로 다르다. 따라서 입수정상군의 절자율과 입수이상군의 절자율은 다르다고 할 수 있다. 유의수준 0.01 미만을 만족하므로 입수에 이상이 없는 경우에 비해서 입수에 이상이 있으면 절자확률이 높아진다고 할 수 있다. 통계적으로 '입수에 이상이 있으면 그렇지 않은 경우에 비해 절자확률이 높아진다'라고 할 수 있으며, 이때 유의수준은 0.01이다.

(2) 절장자율

[표2-19]와 [표2-20]은 입수이상과 절장자율과의 관계를 확인하기 위해, '입수상태가 서로 다를 때 절장자 비율에 차이가 없다' 라는 귀무가설에 대한 통계 분석을 행한 결과이다.

Levene의 등분산 검정에 대한 결과는 [표2-19]와 같다. 유의확률이 0.129로 유의수준 0.05보다 크기 때문에 등분산에 대한 귀무가설이 채택된다. 즉 등분산 가정이 만족되므로, 입수상태에 따른 절장자 비율의 평균에 차이가 있는지에 대하여 일원배치 분산분석을 실시하여 가설의 채택여부를 검정할 수 있다.

일원배치 분산 분석 결과는 [표2-20]과 같다. [표2-20]에 나타나 있는 바와 같이 F=4.987(p<.05)이므로, 유의확률이 유의수준 0.05보다 작기 때문에 귀무가설 '입수 상태에 따른 절장자 비율의 차이가 없다'는 기각된다. 그래서 대조군, 입수정상군, 입수이상군 간의 집단별 절장자 비율은 통계적으로 차이가 있다고 할 수 있다.

[표2-19] 절장자율에 대한 Levene의 등분산 분석

Levene 통계량	유의확률(p)
2.161	0.129

[표2-20] 절장자율에 대한 일원배치 분산 분석

유의수준 : * p<.05 ** p<.01

구 분		개체 수	평 균	표준편차	F값
절장자율	대 조 군	23	0.128[a]	0.091	4.987*
	입수정상군	9	0.056[b]	0.068	
	입수이상군	8	0.176[a]	0.048	
전 체		40	0.121	0.087	

동일집단 여부를 확인하기 위해서 사후검정을 실시하였는데 그 결과는 [표2-20]과 같다. 첨자 a로 나타나 있는 대조군과 입수이상군은 동일집단이므로 비교대상이 아니다. 입수이상군과 입수정상군은 동일집단이 아니므로, 평균 절장자율은 서로 차이가 난다. 즉 입수에 이상이 있으면 정상에 비해 약 3배의 절장자율을 나타낸다.

유의수준 0.05로 통계적으로 분석할 때 '입수에 이상이 있으면 이

상이 없는 경우에 비해서 절장자 확률이 높아진다' 라고 할 수 있다.

(3) 절중자율

[표2-21]과 [표2-22]는 입수이상과 절중자율과의 관계를 확인하기 위해, '입수상태가 서로 다를 때 절중자 비율에 차이가 없다' 라는 귀무가설에 대한 통계 분석을 행한 결과이다.

Levene의 등분산 검정에 대한 결과는 [표2-21]과 같다. 유의확률이 0.317로 유의수준 0.05보다 크기 때문에 등분산에 대한 귀무가설이 채택된다. 등분산 가정이 만족되므로 입수상태에 따른 절장자 비율의 평균에 차이가 있는가에 대해서 일원배치 분산분석을 실시하여 가설의 채택 여부를 검정할 수 있다.

[표2-22]에 나타나 있는 바와 같이 F=0.265(p>.05)이므로 유의확률이 유의수준 0.05보다 크기 때문에 귀무가설 '입수 상태에 따른 절중자 비율의 차이가 없다' 를 채택한다. 그러므로 대조군, 입수정

[표2-21] 절중자율에 대한 Levene의 등분산 분석

Levene 통계량	유의확률(p)
1.185	0.317

[표2-22] 절중자율에 대한 일원배치 분산 분석

유의수준 : * $p<.05$ ** $p<.01$

구 분		개체 수	평 균	표준편차	F값
절중자율	대 조 군	23	0.247[a]	0.299	
	입수정상군	9	0.167[b]	0.316	0.265
	입수이상군	8	0.227[a]	0.138	
전 체		40	0.225	0.274	

상군, 입수이상군 간의 집단별 평균 '절중자 비율은 통계적으로 차이가 없다' 라고 할 수 있다.

(4) 절말자율

[표2-23]과 [표2-24]는 입수이상과 절말자율과의 관계를 확인하기 위해, '입수상태에 따른 절말자 비율의 차이가 없다' 라는 귀무가설에 대한 통계 분석을 행한 결과이다.

Levene의 등분산 검정에 대한 결과는 [표2-23]과 같다. 유의확률이 0.081이므로 유의수준 0.05보다 크기 때문에 등분산에 대한 귀무가설이 채택된다. 이와 같이 등분산 가정이 만족되므로 입수상태에 따른 절말자 비율의 평균에 차이가 있는가에 대해서 일원배치 분산분석을 실시하여 가설의 채택여부를 검정할 수 있다.

[표2-24]에 나타나 있는 바와 같이 F=3.57(p<.05)이므로, 유의확률이 유의수준 0.05보다 작기 때문에 귀무가설을 기각한다. 즉 '대조

[표2-23] 절말자율에 대한 Levene의 등분산 분석

Levene 통계량	유의확률(p)
2.690	0.081

[표2-24] 절말자율에 대한 일원배치 분산 분석

유의수준 : * p<.05 ** p<.01

구 분		개체 수	평 균	표준편차	F값
절말자율	대 조 군	23	0.191^a	0.167	3.57^*
	입수정상군	9	0.041^b	0.065	
	입수이상군	8	0.125^{ab}	0.140	
전 체		40	0.144	0.155	

군, 입수정상군, 입수이상군 간의 집단별 평균 절말자 비율은 통계적으로 차이가 있다'라고 할 수 있다.

동일집단 여부를 확인하기 위해서 사후검정을 실시하였는데 그 결과는 [표2-24]에 나타나 있다. 첨자 a로 나타난 대조군과 입수이상군은 동일집단이며, 첨자 b로 나타난 입수정상군과 입수이상군도 동일집단이다. 여기에서 대상으로 하고 있는 입수이상군과 입수정상군이 서로 동일한 집단이므로 절말자율에는 차이가 없다. '입수의 이상은 절말자율에 영향을 주지 않는다'라고 할 수 있다.

3. 입수 이상이 절손율에 미치는 영향

[그림2-8]에 나타난 바와 같이, 교차분석을 통하여 입수이상이 절손율에 미치는 영향을 분석하였다.

(1) 절장손율

[표2-25]와 [표2-26]은 입수이상과 절장손율과의 관계를 확인하기 위해, '입수상태가 서로 다를 때 절장손율의 비율에 차이가 없다'라는 귀무가설에 대한 통계 분석을 행한 결과이다.

대조군에서는 전체 23개 가문 중에서 장손이 절손된 경우가 16개 가문(69.6%)이며, 입수가 정상일 때는 장손이 절손된 경우는 전체 9개 가문 중에서 4개 가문(44.4%)이지만, 입수이상군의 경우에는 전체 대상 8가문 모두가 100% 절손되는 특이한 현상을 나타내었다.

교차 분석을 통한 카이제곱(x^2) 검정 결과는 [표2-26]에 나타나 있다. 장손에 대한 Fisher의 양측 검정을 통한 유의확률이 0.035이므

로 유의수준 0.05보다 작다. 그래서 귀무가설 '입수 상태에 따른 절
장손 비율에 차이가 없다'를 기각할 수 있다. 따라서 입수상태에 따
라 절장손율에 차이가 있다고 할 수 있다.

[표2-25] 절장손에 대한 교차 분석

유의수준 : * p<.05 ** p<.01

구 분		비절손	절 손	계	자유도(df)	x^2
입 수	대 조 군	7(30.4)	16(69.6)	23(100.0)	2	6.118*
	입수정상군	5(55.6)	4(44.4)	9(100.0)		
	입수이상군	0(0.0)	8(100.0)	8(100.0)		
전 체		12(30.0)	28(70.0)	40(100.0)		

[표2-26] 절장손에 대한 x^2 검정

구 분	값	자유도 (df)	점근유의 확률 (양측검정)	정확한 유의확률 (양측검정)	정확한 유의확률 (단측검정)	점 확률
Pearson카이제곱(x^2)	6.230[a]	2	.044	.035		
우도비	8.237	2	.016	.028		
Fisher의 정확한 검정	6.118			.035		
선형 대 선형결합	1.144[b]	1	.285	.395	.199	.101
유효 케이스 수	40					

(2) 절말손율

[표2-27]과 [표2-28]은 입수이상과 절말손율과의 관계를 확인하기
위해, '입수상태가 서로 다를 때 절말손율의 비율에 차이가 없다'라
는 귀무가설에 대한 통계 분석을 행한 결과이다.

[표2-27]에 나타나 있는 바와 같이 대조군에서는 전체 23개 가문

중에서 절말손된 경우가 14개 가문(60.9%)이며 입수가 정상일 때는 전체 9개 가문 중에서 절손된 경우는 5개 가문(55.6%)이고, 입수이상군은 전체 대상 8개 가문 중에서 절손된 경우는 5개 가문(62.5%)이다.

[표2-27] 절말손에 대한 교차 분석

유의수준 : * p<.05 ** p<.01

구 분		비절손	절 손	계	자유도(df)	x^2
입 수	대 조 군	9(39.1)	14(60.9)	23(100.0)	2	0.233
	입수정상군	4(44.4)	5(55.6)	9(100.0)		
	입수이상군	3(37.5)	5(62.5)	8(100.0)		
전 체		16(40.0)	24(60.0)	40(100.0)		

[표2-28] 절말손에 대한 x^2 검정

구 분	값	자유도 (df)	점근유의 확률 (양측검정)	정확한 유의확률 (양측검정)	정확한유 의확률 (단측검정)	점 확률
Pearson카이제곱(x^2)	.102[a]	2	.950	1.000		
우도비	.102	2	.951	1.000		
Fisher의 정확한 검정	.233			1.000		
선형 대 선형결합	.000[b]	1	1.000	1.000	.575	.157
유효 케이스 수	40					

교차 분석을 통한 카이제곱(x^2) 검정 결과는 [표2-28]에 나타나 있다. 말손에 대한 Fisher의 양측 검정을 통한 유의확률 1.00은 유의수준 0.05보다 크므로, 귀무가설 '입수 상태에 따른 말손의 절손율에 차이가 없다'를 채택한다. 즉 '입수에 따라 말손의 절손율에는 차이가 없다'는 통계적 결론을 얻을 수 있다.

(3) 절직계 장손율

[표2-29]와 [표2-20]은 입수이상과 절직계장손율과의 관계를 확인하기 위해, '입수상태가 서로 다를 때 절장손율의 비율에 차이가 없다' 라는 귀무가설에 대한 통계분석을 행한 결과를 정리한 것이다.

[표2-29]에 나타나 있는 바와 같이 대조군에서는 전체 23개 가문 중에서 절직계 장손된 경우가 12개 가문(52.2%)이다. 입수가 정상일 때는 전체 9개 가문 중에서 절손된 경우는 3개 가문(33.3%)이다. 대조군이나 입수정상군과는 달리 입수에 이상이 있을 경우에는 전체 대상 8개 가문 모두가 100% 절손되었다.

이와 같이 입수이상군의 경우에 100% 절손되는 경우는 절장손과

[표2-29] 절직계장손에 대한 교차 분석

유의수준 : * p<.05 ** p<.01

구 분		비절손	절 손	계	자유도(df)	x^2
입 수	대 조 군	11(47.8)	12(52.2)	23(100.0)		
	입수정상군	6(66.7)	3(33.3)	9(100.0)	2	8.741*
	입수이상군	0	8(100.0)	8(100.0)		
전 체		17(42.5)	23(57.5)	40(100.0)		

[표2-30] 절직계장손에 대한 x^2 검정

구 분	값	자유도(df)	점근 유의확률 (양측검정)	정확한 유의확률 (양측검정)	정확한 유의확률 (단측검정)	점 확률
Pearson카이제곱(x^2)	8.331[a]	2	.016	.014		
우도비	11.250	2	.004	.009		
Fisher의 정확한 검정	8.741			.013		
선형 대 선형결합	3.363[b]	1	.067	.075	.049	.030
유효 케이스 수	40					

절직계장손에서 공통적으로 나타난 결과이다.

교차분석을 통한 카이제곱(x^2) 검정 결과는 [표2-30]에 나타나 있다. 절직계장손에 대한 Fisher의 양측 검정을 통한 유의확률이 0.013이므로 유의수준 0.05보다 작다. 그래서 귀무가설 '입수에 따른 직계장손의 절손율은 차이가 없다'를 기각한다. 즉 입수상태에 따라 직계장손의 절손율에 차이가 있다고 할 수 있다.

직계장손의 경우는 장손의 절손율과 유사한 경향의 결과를 보여준다. 즉 입수정상군과 대조군에서는 절손율이 크게 차이가 나지 않지만 입수이상군에서는 모두 절손되는 특이한 결과를 보여준다.

통계적으로 '입수에 이상이 있으면 절직계장손률이 높아진다'라고 할 수 있다.

(4) 절직계 말손율

[표2-31]과 [표2-32]는 입수이상과 절직계말손율과의 관계를 확인하기 위해 '입수상태가 서로 다를 때 절직계말손율의 비율에 차이가 없다'라는 귀무가설에 대한 통계 분석을 행한 결과를 정리한 것이다.

[표2-31]에 나타나 있는 바와 같이 대조군에서는 전체 23개 가문 중에서 절손된 경우가 12개 가문(52.2%)이다. 입수가 정상일 때 전체 9개 가문 중에서 절손된 경우는 1개(11.1%) 뿐이다. 입수이상군은 비절손인 경우는 5개 가문(62.5%), 절손된 경우는 3개 가문(37.5%)으로 나타났다.

교차 분석을 통한 카이제곱(x^2) 검정 결과는 [표2-32]에 나타나 있

[표2-31] 절직계말손에 대한 교차 분석

유의수준 : * p<.05 ** p<.01

구 분		비절손	절 손	계	자유도(df)	x^2
입수	대조군	11(47.8)	12(52.2)	23(100.0)	2	4.504
	입수정상군	8(88.9)	1(11.1)	9(100.0)		
	입수이상군	5(62.5)	3(37.5)	8(100.0)		
전 체		24(60.0)	16(40.0)	40(100.0)		

[표2-32] 절직계말손에 대한 x^2 검정

구 분	값	자유도 (df)	점근 유의확률 (양측검정)	정확한 유의확률 (양측검정)	정확한 유의확률 (단측검정)	점 확률
Pearson카이제곱(x^2)	4.571[a]	2	.102	.110		
우도비	5.136	2	.077	.091		
Fisher의 정확한 검정	4.504			.110		
선형 대 선형결합	4.371[b]	1	.037	.051	.026	.017
유효 케이스 수	40					

는데 절직계말손에 대한 Fisher의 양측 검정을 통한 유의확률이 0.110이므로 유의수준 0.05보다 크다. 그래서 귀무가설 '입수에 따른 직계말손의 절손율은 차이가 없다'를 채택한다. 즉 통계적으로 '입수상태가 직계말손의 절손율에 영향을 주지 않는다'라고 할 수 있다.

6_ 결 론

SPSS로 분석한 입수이상묘의 절자손율 변화

17세기 이후에 조성된 묘소 중에서 산봉우리와 그 부근에 있는 입수이상 묘소와 그 후손의 번성여부를 규명하기 위해 묘소 후손의 개체수 변화를 족보에 근거하여 조사한 후에 그 결과를 SPSS 프로그램을 이용하여 통계적으로 분석한 것이다.

조사대상 묘소는 영남 일원과 호남 및 충청의 일부지역이었다. 부부(夫婦) 양위(兩位) 묘소 모두 입수 1절이나 2절에 이상이 있는 입수이상 묘소 8곳, 부부 양위 묘소 모두 입수에 이상이 없는 입수정상 묘소 9곳, 묘소에 대한 정보가 없는 대조군 23곳을 임의로 추출하여 모집단으로 하였다. 조사한 총개체수는 2,806개였다. 묘소의 입수이상 유무를 확인하기 위해서 현장을 방문하여 토목측량과 형태관찰 및 사진촬영을 통하여 묘소에 대한 자료를 수집하였다.

대상이 되는 기준묘소나 기준인물을 중심으로 아래로 5대에 대한 결혼한 남자 성인의 개체수를 확인하여 후손 개체 변화에 대한 데이터베이스를 확보하였고, 절자손의 변화 경향을 통계적으로 정리하였다.

통계적 결과들에 대하여 사회과학 통계프로그램(SPSS, Version 12.0)을 사용하여 유의수준 0.05로 분석한 결과, 통계적으로 다음과 같은 결론을 도출(導出)하였다.

1. '입수에 이상이 있으면 정상인 경우에 비하여 절자율이 높아진다' 라고 할 수 있다. 평균절자율은 입수정상묘 5.7%, 입수이상묘 16.5%로 나타났는데 입수이상묘가 약 3배 가량 높았다.

2. '입수에 이상이 있으면 정상인 경우에 비하여 절장자율이 높아진다' 라고 할 수 있다. 평균절장자율은 입수정상묘 5.6%, 입수이상묘 17.6%로 나타났는데, 입수이상묘가 약 3배 가량 높았다.

3. '입수에 이상이 있으면 절장손율이 높아진다' 라고 할 수 있다. 평균 절장손율은 입수정상묘 44.4%, 입수이상묘 100%로 나타났는데 모든 입수이상묘는 절장손율을 1회 이상 보였다.

4. '입수에 이상이 있으면 절직계장손율이 높아진다' 라고 할 수 있다. 평균절직계장손율은 입수정상묘 33.3%, 입수이상묘 100%로 나타났는데 모든 입수이상묘는 5대 이내에 반드시 직계장손(주손)이 절손되었다.

5. '입수상태가 절중자율, 절말자율, 절말손율, 절직계말손율에는 영향을 주지 않는다' 라고 할 수 있다.

●● 참고문헌

1) 한국외국어대학교 외국어종합연구센터(2006),『세계의 장례문화』, 한국외국 어대학교출판부.

2) 『두산세계대백과사전』(1996), (주)두산동아출판사.

3) 최길성 역(2000), 무라야마지준(村山智順) 저, 『조선의 풍수』, 민음사.

4) 박시익(朴時翼)(1999), 『한국의 풍수지리와 건축』, 일빛출판사.

5) 윤경철(2006), 『대단한 지구여행』, 푸른길출판사.

6) 『한국문화유산(1997)』, 경북북부, 돌베개출판사.

7) 강석경(2000), 『능으로 가는 길』, 창작과비평사.

8) 최준(崔浚)(1933), 『동경통지(東京通志 ; 地誌)』.

9) 박종기(2000), 『고려시대연구』, 한국정신문화연구원.

10) 이호일(2003), 『조선의 왕릉』, 가람기획.

11) 문화재청(2006), 『조선왕릉 답사수첩』, 미술문화사.

12) 이영관(2006), 『조선견문록』, 청아출판사.

13) 최창조 역(2001), 청오자(靑烏子) 저, 『청오경(靑烏經)』, 민음사.

14) 오상익 주해(註解)(1993), 곽박(郭璞) 저, 『장경(葬經)』, 동학사.

15) 김동규 역(1999), 서선계(徐善繼), 서선술(徐善述) 저, 『인자수지(人子須知)』, 명문당.

16) 김혁제(1970), 『천기대요』, 명문당.

17) 신광주(1994), 『정통풍수지리학 원전』, 명당출판사.

18) 신평 편역(1997), 『고전풍수학 설심부』, 관음출판사.

19) 신평 역주(2005), 『지리오결(地理五訣)』, 동학사.

20) 이수건(2006), 『한국의 성씨와 족보』, 서울대학교출판부.

21) 김두규 역(2004), 채성우 저, 『명산론(明山論)』, 비봉출판사.

22) 장용득(張龍得)(1976), 『명당론(明堂論)』, 신교출판사.

23) 이준기, 김강동(1978), 『지리진보』, 계축문화사.

24) 정경연(鄭景衍)(2003), 『정통풍수지리』, 평단문화사.

25) 성필국(成弼國)(1996), 『명당과 생활풍수』, 홍신문화사.

26) 김종철(金鍾喆)(2001), 『명당백문백답』, 오성출판사.

27) 김종철(2000), 『명당요결』, 오성출판사.

28) 이승찬(李昇澯)(2002), 『자연의 진리 자연의 조화』, 중앙자연지리연구회.

29) 박광일(2004), 『우리 아이 첫 경주 여행 2(땅속에서 찾아낸 신라의 꿈)』, 삼
성당아이출판사.

30) 이용구(2005), 『통계학의 이해』, 월곡출판사.

31) 서이훈(2005), 『SPSS 통계분석』, 자유아카데미.

32) 이석호(2004), 『데이터베이스 시스템』, 정익사.

33) 김성수, 양경숙(2003), 『명령문을 활용한 고급 SPSS 익히기』, 데이터솔루션.

34) 박성현(2004), 『현대실험계획법』, 민영사.

35) 성내경(2001), 『실험설계와 분석』, 자유아카데미.

36) 강석복(2000), 『응용통계학』, 형설출판사.

37) 박성현, 조진섭, 김성수(2004), 『한글 SPSS』, 데이터솔루션.

38) 원태연, 정성원(2001), 『통계조사분석』, 데이터솔루션.

39) 한상태(2004), 『SPSS를 이용한 실험설계와 분산분석』, 데이터솔루션.

40) 우수명(2006), 『한글 SPSS』, 인간과복지출판사.

41) 박태성, 이승연(1999), 『범주형 자료분석개론』, 자유아카데미.

42) 배영주(2003), 『현대통계학의 이해와 응용』, 교우사.

Effects of abnormal range-entrances of tombs on cut-off rates of those sons and grandsons

Park, Chae-Yang

Department of Applied Electronics
The Graduate School, Yeungnam University
Supervised by Moon-Ho Lee

The effects of abnormal range-entrances of tombs, built-up from 17 centuries in Southern Korea, on the cut-off rates of those sons and grandsons had been analyzed by the statistical SPSS program from the changes of individuals, derived from the Korean Family Tree.

The analyzed tombs, located in Yeungnam, Honam and Chungcheong Areas of southern Korea, were composed of the normal and abnormal range-entrance groups and the unknown group, whose numbers were 9, 8, and 23, respectively. The total number of those individuals were 2,806. To analyze the entering of range, the dimensional and photographic data for the tombs were taken.

The number of married men, located at first to fifth generation of the referred tombs and/or peoples, had been counted, and the cut-off rates of those sons and grandsons were calculated. All the data were analyzed statistically by SPSS (version 12.0) with the significance level of 0.05.

The average cut-off rates of sons were 5.7% for the normal entrance, and 16.5% for the abnormal.

And, the average cut-off rates of first sons for the normal and abnormal entrances were 5.6% and 17.6%, respectively.

The cut-off probabilities of first and first-first grandsons for the abnormal entrance were much higher than those for the normally range-entering tombs. All the abnormal entrance had a chance to meet the cut-off of those first-first grandsons within the 5 generations.

Conclusively, the cut-off rates of those sons, first sons, first grandsons and first-first grandson for the abnormal entrance were much higher than those for the normally entering tombs. However, the state of range-entrance did not affect the cut-off rates of second sons, last sons, last grandsons and last-last grandson.

2부는 박채양의 박사논문 〈SPSS로 분석한 입수이상묘의 절자손율 변화〉를 정리한 것인데 주임교수 소찬 이석정(본명, 이문호)의 지도 아래 이뤄졌다.

3부

비탈에 쓰여진 묘소와
자손번성

조 상 을 잘 모 셔 야 자 손 이 번 성 한 다

1_ 족보와 묘소전순(墓所前脣), 경사도를 과학화하다

세계의 인구는 산업혁명 초기였던 1750년경 약 8억 명에서 2005년 64억 7천만 명으로 늘어났다. 우리나라는 조선 숙종조(18세기경) 때 약 5백만 명에서 2005년도 말에 약 4천 7백만 명으로 늘어났다. 그러나 여성 1인당 출산율은 현저하게 감소하여 우리나라의 경우 1960년대에 약 6명이었으나 2005년도 통계청 발표에 의하면 1.37명으로 격감하였다.[1] 이러한 출산율은 OECD 국가 중에서 최하위 수준이다.[1]

국가 전체의 인구 증감은 개인의 출산율에 기초한다. 개인의 출산율은 단위가족의 평균수를 결정하고, 단위가족수는 전체가문의 개체수에 영향을 준다. 우리는 주변에서 가문마다 가족수에서 많은 차이가 있음을 자주 볼 수 있다.[1] 이에 대한 원인은 아직 연구 보고된 바 없다.

조선 중기부터 작성된 족보에는 단위가족의 평균수에 대한 시대적인 변화가 잘 기록되어 있다.[2] 그래서 각 가문의 후손 번성에 대한 정보를 수집하는 것이 가능하다. 국회도서관에 소장된 각 성씨의 족보에 의하면 기록된 후손의 수는 각 성씨는 물론 같은 성씨일지라도 각 가문마다 많은 차이가 있음을 발견할 수 있다.

예로서 동시대의 화순 최씨와 밀양 박씨 및 상주 박씨 문중에서 각각 한 가문씩 임으로 선정하여 고조 – 증조 – 조 – 부 – 자 – 손자의 5대에 걸쳐서 결혼한 남자성인의 개체수를 조사하여 다음의 결과를 얻을 수 있었다.

화순 최씨 문중에서 선정된 가문은 70명, 밀양 박씨 문중에서 선정된 가문과 상주 박씨 문중에서 선정된 가문은 각각 9명, 15명으로 나타났다.[3]

이와 같이 성씨나 가문마다 남자 성인 개체수가 서로 다르게 나타나는 현상은 17세기부터 현재에 이르기까지 별다른 차이가 없다. 즉 성씨(姓氏)마다 개체수가 서로 다르고, 같은 성씨라도 가문마다 서로 다르다. 이와 같이 성씨 및 가문마다 성인 남자의 개체수가 다른 것은 다음과 같이 여러 원인들이 있는 것으로 추측된다.[4]

❶ 국가 정책과 연관된 출산 자녀수
❷ 생활환경
❸ 연대적 차이
❹ 거주지의 지리적 환경의 차이
❺ 가계 및 가문의 내력에 의한 차이
❻ 풍수적 요인

통계청에서 2000년도에 조사한 자료에 의하면 기혼여성 1인당 출산 자녀수는 대도시 지역에서 약 2.2명, 읍지역은 약 2.8명, 농촌의 면(面)지역은 약 3.6명으로 나타났다.[1] 세 지역에서 기혼여성의 평균 연령 대는 각각 30대, 50대, 60대였는데 이들의 출산성년기(出産盛年期)에 정부의 인구정책이 각기 달랐다는 것이 흥미롭다. 즉, 30대의 경우 1자녀 운동, 50대의 경우 2자녀 운동, 60대의 경우 '베이비 붐' 이 그것이다.

이러한 국가정책이 각 가정마다 서로 다르게 반영되거나, 정책을 따르지 않는 가정이나 가문마다 개체번성이 다르게 나타날 것이다. 국가 정책은 각 가정이나 가문마다 서로 다르게 반영될 수 있기 때문에 각 가문마다 개체번성의 정도가 다른 것이 국가정책의 변화에 기인한 것으로 보기는 힘들 것으로 추측된다.

생활환경은 물질적 풍요, 전쟁이나 질병의 횡행, 문명의 발달, 의술의 발달과 보급 등을 포괄한다. 뿐만 아니라, 생활환경의 정도는 가정이나 가문마다 다를 수 있다. 그러나 각 가정마다 생활환경을 조사하여 계량화한 후에 자손의 개체 번성과의 관계를 규명하는 것은 용이하지 않다.

조선의 통치이념이나 사회규범은 유학 또는 유교에 근거하였으며, 남녀가 서로 지켜야 할 덕목이 명확하게 제시되어 명분을 앞세운 양반사회가 오랫동안 유지되었다. 1800년대 중반 김정희(1786~1856)를 중심으로 명분보다는 '실사구시'를 앞세운 실학이 도입되어 실리를 중시하는 풍조가 생기기 시작했다.[5] 이러한 풍조와 함께 가문의 경제적·정치적·사회적 요인들로 인해서 가문별 또는 개별 출산율이 달라질 가능성은 배제할 수 없다. 즉, 여러 가지 환경이나 인식변화에서 중요한 시점이라 할 수 있는 1800년대 중반을 전후하여 각 가문별로 개체번성의 정도는 달라질 수도 있다. 그런데 아직까지 이에 대한 조사나 연구는 이루어진 바 없다.

거주지의 지리적 환경도 생활환경과 마찬가지로 계량화하는 것이 용이하지 않다. 다만 거주 지역을 영남, 호남, 충청, 경기 등과 같이 광역으로 나누어 단순한 명목척도로 설정하는 것은 가능할 것이다.

우리나라에서는 전통적으로 특정가문에서만 나타나는 특이점이 있다는 것을 인정하고 있는데 이를 '가문의 내력'이라는 용어로 통칭한다.[6] 가문의 내력 현상이 보편타당성을 가지지는 않지만 이를 유전현상이나 그 가문의 관습 또는 교육에 의한 전승으로 생각할 수도 있다. 이와 같은 가문의 내력이 개체수의 번성에 미치는 영향에 대하여 조사나 연구가 시도된 적은 없는 것으로 보인다.

풍수사상은 고려 건국과 더불어 백성을 통치하는 수단으로 활용되기 시작하여(풍수도참설), 조선시대에는 경제적 능력이 있는 사대부가는 물론 심지어는 왕가에서까지 생활에 적용한 우리의 전통 관념이었다.[7]

그러나 이것이 건전한 생활 관념에서 묘지풍수에 의한 후손 발복론으로 발전하여 조선후기에는 묘지로 인한 산송(山訟)이 망국적인 폐단으로 전락하기도 하였다.[8] 결국 1960년대의 산업화와 서구화의 영향으로 풍수는 비과학적인 관념으로 치부되어 우리의 의식에서 사라진 사상 또는 관념이라 할 수 있다. 우리 선조들은 과학적인 근거와는 상관없이 조상의 묘가 후손의 길흉화복 또는 후손의 개체번성

에 영향을 준다고 믿었다.[9]

풍수사상에서 가장 중요시하는 변수들로는 묘지가 있는 산줄기(脈)인 용(龍), 시신이 묻히는 지점인 혈(穴), 계곡을 나타내는 수(水), 혈을 둘러싸고 있는 산을 총칭하는 사(砂), 방향(方向) 등이 있다.[11] 풍수에서는 그것의 대상인 집(陽宅)이나 무덤(陰宅)을 이러한 변수들로 평가하여 그들의 길흉을 결정짓는다.[11]

우리 땅에서 풍수를 논한 지도 최소한 천 년 이상 되었다.[12] 망국적인 폐단으로 전락한 역사적인 배경이나 서양문물의 전래와 보급에 따른 사회 환경의 변화와 인식의 전환으로 인하여 풍수에서 도출된 여러 이론들이 제도권에서는 수용조차 되지 않은 상태이다. 그래서 긴 역사에도 불구하고 풍수이론들에 대한 논리적인 근거를 조사 연구하려는 일체의 시도조차 이루어지지 않았다. 이러한 배경으로 인하여 논리적인 근거와는 관계없이 누구나 나름대로의 새로운 이론을 개발하게 되었고, 항시 새로운 이론들이 도출되었다. 심지어는 이렇게 수많은 이론들을 정리한 문헌목록이 한권의 책으로 출간되었을 정도이다.[13]

묘지는 일반적으로 들판과 산에 위치한다. 전국토의 66%를 차지하는 산은 능선과 비탈로 이루어진다. 능선의 면적은 산비탈의 1%에도 미치지 못한다. 산에 있는 묘지의 대부분은 산비탈에 위치할 수밖에 없다. 예로부터 농경국가였던 우리나라에서는 농업을 중시하여 농지로 사용될 수 있는 들판에 묘지를 조성하는 것은 매우 드문 일이었다. 산비탈에 쓰인 묘의 수는 산 능선이나 들판에 조성된 묘의 수에 비해 월등히 많았으므로, 묘지는 대부분 산비탈에 조성되었다고 할 수 있다.

산비탈은 그 표면이 평면이거나 곡면으로 이루어져 있다. 극단적인 경우를 제외하고는 묘소가 있는 지역인 혈(穴)에서 당판은 약 3m 정도의 방형(方形)의 좁은 평판 형태를 이루고 있다.[14] 당판인 묘지평판은 수직인 법선벡터(normal vector)로 그의 성질을 나타낼 수 있다. 즉 법선벡터와 지구 중심을 향하는 벡터 간에 이루는 각이 평판의 기울기이다. 묘소가 위치한 평판은 다양한 기울기를 가지는데, 거의 평지에 가까운 0° 부근의 기울기로부터 가만히 서 있기도 힘든 60° 정도의 기울기도 있다. 묘지들이 많이 소재하는 곳의 기울기가 몇 도(度, °) 정도인지, 왜 이러한 기울기를 선호하는지에 대해서는 아직 연구 조사된 바 전혀 없으며, 묘지의 경사도와 그 후손의 번성에 대한 내용은 전통 풍수서[7-22]에서도 제대로 다루어지지 않았다.

여기에서는 개체번성에 미치는 요인들로 판단되는 연대적인 차이,[7] 거주지의 지리적인 차이,[15-16] 가계와 가문의 차이[23] 및 묘지경사도로 국한한 묘지지형의 차이[24-26]등이 가문마다 결혼한 성인 남자의 개체번성에 미치는 영향을 조사하고자 하였다. 특히 묘지 풍수적인 원인[27-35]은 그 변수가 너무 많아서 원인 규명이 쉽지 않으므로 묘지의 평판에서 봉분 앞의 여유와 경사도만[8-12]을 변수로 한정시켰다.

표본으로 선정된 각 가문의 족보기록으로부터 취한 데이터와 묘지의 현장 지형을 토목 측량하여 얻은 데이터를 SPSS 통계분석[36]에 의해 유의성을 결정하여 통계적인 방법으로 결론[37]을 도출하였다.

이를 위해서 각 가문마다 보유하고 있는 족보의 샘플을 채취하여 기준 인물로부터 위로 5대, 아래로 5대(상하 10대)의 결혼한 성인 남자 개체를 확인하였다. 물론 족보기록의 신뢰성 검증[38-39]을 행하였으며 분석에 필요한 용어의 정의를 처음으로 시도하였다. 개체수에 대한 데이터베이스를 확보한 후에 예측되는 여러 가지 요인들에 대한 인과관계 분석을 행한 후에 개체번성에 미치는 영향을 통계적인 방법[40]으로 분석하였다.

후손들을 장자(長子)·중자(中子)·말자(末子)로 대별하였으며, 이들로부터 남자후손이 태어나지 않는 절자비율(絶子比率)을 조사 비교하고, 각 요인들이 절자비율에 미치는 영향을 통계적으로 분석하였다.

수록된 내용을 보면 크게 후손번성과 관계되는 문헌조사와 본 연구에서 사용된 용어들을 정의하였으며, 실험방법과 데이터베이스를 확보하는 방법에 대해서 자세히 기술하였다. 그리고 조사결과로 얻어진 데이터베이스에 대한 구체적인 설명 및 이들에 대한 SPSS 통계분석을 한 결과가 기술되어 있고, 이로부터 도출한 결론이 정리되어 있다.

2_ 불확실한 용어를 정리하다

본 연구에서 필요한 용어 중에서 일반적으로 사용되지만 개념이
관념적이고 의미가 불확실하거나 주관적인 의미를 가질 수 있는 용
어는 미리 그 개념을 확정한 후 사용하였다. 또 의미의 축약이 필요
하거나 적절한 용어가 국어사전에 없는 것은 다른 단어를 원용 또는
준용하였다. 개념의 확정과 원용이나 준용, 그리고 의미의 축약을 위
하여 사용된 낱말들을 다음과 같이 요약하여 정의해 보았다.

❶ 시간단위 : 1대(代), 2대(代), 3대(代), 4대(代), 5대(代)로 표시함.
❷ 1대(代) : 부와 조부, 조부와 증조부 사이 등의 간격.[41]
❸ 번성 : 남자 후손의 수가 선대(先代)보다 늘어나는 것.[6]
❹ 쇠퇴 : 남자 후손의 수가 정체하거나 감소하는 것.[41]
❺ 족보(族譜) : 한 가문의 대대(代代)의 혈통 관계를 기록한 책. 일
   족의 계보 (系譜), 가보(家譜), 가승(家乘), 보첩(譜牒), 씨보(氏譜)[38]등.

❻ 계자(系子) : 아들이 없는 사람이 친족 중에서 친자(親子)가 아닌 사람을 족보상에서 아들로 입적시킨 것.[41]

❼ 출계(出系) : 족보상으로 양자(養子)로 들어가서 그 집의 대(代)를 잇는 것.[41]

❽ 가계도 : 족보상으로 남자 후손의 출생, 출계, 계자, 절자 등을 도식화하여 [그림3-1]과 같이 그린 그림.[42]

❾ 형제관계 : 형제관계를 장자, 중자, 말자로 구분하여 사용함.

　㉮ 장자(長子) : 맏아들이며 독자인 경우는 장자로 함.[43]

　㉯ 중자(中子) : 맏아들과 끝 아들을 제외한 중간 아들 전부.[6]

　㉰ 말자(末子) : 끝 아들을 말함.

❿ 절자(絶子) : 아들이 없는 경우.

　㉮ 절장자 : 맏아들에게 아들이 없는 경우.

　㉯ 절중자 : 중자에게 아들이 없는 경우.

　㉰ 절말자 : 끝 아들에게 아들이 없는 경우.

⓫ 손자(孫子) 관계 : 조부 이상의 선대와의 관계.

　㉮ 장손(長孫) : 맏손자, 모든 아들(장자, 중자, 말자)의 첫아들[41]

　㉯ 말손(末孫) : 먼 후일의 자손을 뜻[41]하지만 말자의 말자로 함.

　㉰ 직계장손(直系長孫) : 기준이 되는 조상의 장자 - 장자, 장자 - 장자 - 장자. [그림3-2] 가계도에서 왼쪽 가장자리에 표시되는 손자들임.

　㉱ 직계말손(直系末孫) : 기준이 되는 선대까지 아버지, 할아버지 등 선대가 모두 끝 자손일 때의 끝 손자.[44] [그림3-2] 가계도에서 오른쪽 가장자리에 표시되는 손자들임.

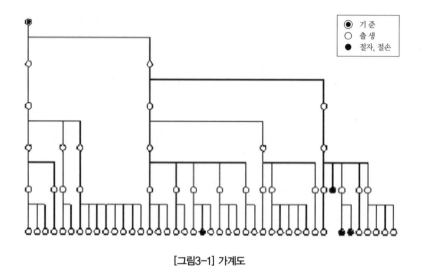

[그림3-1] 가계도

[그림3-2] 사용된 용어의 도식화

⓬ 절손(絕孫) : 조부 이상의 선대와의 관계에서 손자가 아들이 없는 경우. [41, 44]

㉮ 절장손(絕長孫) : 맏손자, 즉 장손에게 아들이 없는 경우.

㉯ 절말손(絕末孫) : 끝 손자에게 아들이 없는 경우

㉰ 절직계장손(絕直系長孫) : 직계장손에게 아들이 없는 경우

㉱ 절직계말손(絕直系末孫) : 직계말손에게 아들이 없는 경우

⓭ 1대손 · 2대손 · 3대손 · 4대손 : 기준점이 되는 조상과 손자와의 관계.[31, 45](예 : 1대손은 손자, 2대손은 증손자, 3대손은 고손자, 4대손은 고손자의 아들).

[그림3-3] 봉분 앞 평지와 묘지 앞 경사면

[그림3-4] 비탈면(급경사지)

❹ 묘지 및 그 주변의 지형에 대한 명칭 : 앞쪽 [그림3-3], [그림3-4] 참조.

　㉮ 봉분 앞 평지 : 묘지 평판에서 봉분 앞(상석이 놓여 있는 곳)의 평평한 땅(구배 15% 이하, 경사 약10도 이하)

　㉯ 묘지 앞 경사 : 봉분 앞 평지를 축대처럼 받치고 있는 부분의 사면 경사. 단, 인공을 가하지 않은 자연 상태의 사면 경사임.

　㉰ 비탈면[46] : 산에서 경사가 기울어진 곳.

　㉱ 급경사지 : 사면구배가 40% 이상인 비탈면.

　㉲ 완경사지 : 사면구배가 20% 이하인 비탈면.

3_ 족보와 묘지풍수

1. 족보와 후손

족보(族譜)란 문중(門中)이나 종중(宗中)에서 발간한 조상에 대한 가계의 기록이다. 족보의 바탕이 되는 성씨(姓氏)는 출생의 근원을 나타내는 칭호이다. 성(姓)은 부계(父系)의 혈통을 나타내고 씨(氏)는 본관(本貫)을 의미한다.[38]

성은 처음 모계사회에서 아버지를 표시하기 위해서 생겼다고 한다. 한국과 중국은 성(姓)이 토착화되어 있는 나라이지만 성을 쓰지 않는 나라도 많다. 중국 최초의 자전(字典)인 『설문해자』에 '성인지소생야(姓人之所生也)'라고 한 것은 성이 출생 계통을 표시하는 표지이기 때문이다. 이렇게 성을 처음 사용할 때 성은 남자가 거주하는 지명이나 산·강 등의 이름에서 연유했다.[39]

현재 우리나라에서는 계보학이 잘 발달되어 있고 '성(姓) 불변의 원칙'[47]에 의하여 중국보다도 더 완벽하게 성씨제도가 확립되어 있다. 하지만 삼국이 성립하기 이전의 고대 씨족사회에서는 성(姓)이 거의 사용되지 않았다. 한국의 성씨 체계는 중국의 것을 수용하면서 발전해 왔다. 고구려 · 백제 · 신라의 3국 중에서 신라가 삼국을 통일하면서 신라에서 출자(出自)한 성씨가 후일 한반도 전체로 확산되었다.[48] 『삼국사기(三國史記)』 등에 의하면 고구려나 백제 계통의 성은 그 계보가 후대와 거의 연계되어 있지 않다. 다만 신라의 종성(宗姓)과 육성인 이(李) · 최(崔) · 정(鄭) · 설(薛) · 손(孫) · 배(裵) 및 가락국계의 김해 김씨(金海金氏)만이 후대의 계보와 연결되고 있음을 알 수 있다.[38]

후삼국시대에는 지방의 통치자인 호족들이 사성 · 모성 · 자칭성 등의 방법으로 성씨를 취득하게 되었다. 고려 초기 태조 왕건에 의하여 전국 군현별로 각기 토성이 분정되면서부터 성씨 체계가 어느 정도 확립되었다.[38]

우리의 성씨가 총망라된 『세종실록지리지』 소재 성자(姓字)를 중국 당대(唐代)의 『군망표(郡望表)』에 있는 성자(姓字)와 비교해 보면 우리의 성자는 대부분 중국의 유명 성자를 모방한 것임을 알 수 있다. 후자에 없는 것은 박씨 등 16성(朴 · 沈 · 河 · 玉 · 明 · 俊 · 昔 · 諸 · 盆 · 森 · 邦 · 芳 · 價 · 勝 · 濯 · 承氏)에 불과하다. 그나마 『군망표』에 없는 성자도 박씨를 제외하면 그 나머지는 모두 정초(鄭樵, 宋代, AD. 960~1279, 역사가)의 『통지략(通志略)』 씨족지에 나타나 있는 성자들이다.[39]

본관은 국가에 의하여 정해졌으며, 고려왕조를 창건하고 후삼국을 통일하는 데 적극 참여했던 크고 작은 호족이 제각기 출신지 군현에 토성으로 지정되면서 『세종실록지리지』 소재 성씨들은 이때부터 기원하였다.[2, 38]

이렇게 생겨나기 시작한 성씨들이지만 임진왜란(1592~1598년) 때까지는 전체 인구의 10% 정도만이 성을 가졌으며, 그들도 대부분 양반 계층이었다. 임진왜란 때 양반들은 대부분 도망이나 피난을 가고, 일반 농민·상민·서민들이 의병으로 참전하여 훌륭한 전과를 올리면서 양반과 지배층에 대한 회의와 저항감이 이들 하부계층에게 생기고 신분의 동요가 일어나기 시작했다.

임진왜란 때 가장 먼저 불태워진 것이 노비문서가 보관되어 있던 관청이었다. 전쟁 후 부족한 재정을 보충하는 방법으로 양반신분을 파는 공명첩(空名帖)이 생겨나고 매관매직도 생겨났다. 노비들도 이런 납속책(納贖策)을 이용해서 평민으로 신분 상승을 하였다.[49] 양반은 군역이나 세금도 면제되고 족보가 신분의 표상이 되자 의식주에 걱정이 없는 집은 모두 신분상승을 꿈꾸었다. 이렇게 하여 숙종(1661~1720) 때는 양반이 30% 정도로 증가하고, 철종(1831~1863) 때에 이르러는 50%를 넘기게 되었다. 심지어는 1840년에는 양반, 상민 수탈금지제도가 생겼다.[5]

서기 1886년에는 노비해방 운동이 전국적으로 전개되자, 같은 해에 노비세습제가 폐지되고 갑오개혁(1894년)으로 신분제가 전면적으로 폐지되었다.[38]

이렇게 조선 전기까지만 해도 노비를 비롯한 성(姓)이 없는 무성층(無姓層)이 전체 국민의 약 절반을 차지하였으나 16세기 말부터 시대적·사회적 변동에 따라 신분해방과 함께 새로이 성을 갖게 된 계층이 빠르게 늘어났다. 무성층은 조선 후기 300년간에 걸쳐 점차적인 신분해방과 함께 새로이 성을 가지게 되었다. 성씨가 획기적으로 보급된 시기는 갑오경장 직후인데, 갑오경장을 계기로 종래의 신분·계급이 타파되면서 성(姓)의 대중화가 촉진되었다. 1909년에 새 민적법(民籍法)이 시행되면서부터 누구나 성(姓)과 본관(本貫)을 가질 수 있었다. 우리 성씨에 대한 전체조사가 최초로 실시된 시기는 1930년도인데 이때 전국에 250성이 있었다고 한다. 그 후 1985년 11월 경제기획원 인구센서스를 실시하면서 성씨와 본관을 조사한 결과 274성 3,435개 본관으로 나타났다.[2, 38]

이렇게 혈연·지연을 근거로 생겨난 성씨를 종적·횡적으로 기록한 문서가 족보이다. 족보는 한 씨족의 계통을 기록한 책으로 같은 씨족의 시조로부터 족보 편찬 당시 자손까지의 계보를 기록하고 있다. 족보는 동족의 세계(世系)를 기록한 역사이기 때문에 종적(縱的)으로는 시조로부터 현재의 동족 원까지의 세계(世系)를 알 수 있다. 그리고 횡적(橫的)으로는 현재의 동족 및 상호의 혈연적 친소원근(親疎遠近)의 관계를 알 수 있다. 족보는 제사, 가계계승 등 동족집단의 본질을 나타내는 물적 표현이기 때문에 이를 통하여 그 가문의 성격을 파악할 수 있다.[38]

족보의 연원을 보면 중국은 한나라 때부터이고, 우리나라에서는 고려 때 처음 등장하였다.[39] 효시는 고려시대 왕실계통을 기록한 『왕대종록(王代宗錄)』인데 훗날 족보편찬의 근원이 되게 하였다. 『고려사절요』에는 양반 귀족이 씨족계보의 기록과 보관을 중시하여 '종부시(宗簿寺)라는 관제를 두고 관리하였다'라고 기록을 하고 있어 당시의 일부 귀족들은 이미 족보를 소유하고 있었음을 알 수 있다.[38] 가전(家傳)·가첩(家牒)·사보(私報) 가계기록은 고려시대를 거쳐 조선 중기에

오면서 족보(族譜) 형태를 갖추는 가승(家乘) · 내외보(內外譜) · 팔고조도(八高祖圖) 등으로 발전하였다. 조선시대에는 해동명신록(海東名臣錄), 공신록, 조선명장전 등이 정비되어 그 시조나 부자(父子) 관계를 명확히 알 수 있게 되어 명문세족들의 족보편찬이 본격적으로 이루어졌는데 그 목적은 벌족(閥族)의 세력과 관련되어 당파 관념이 치열해짐에 따라 문벌의 우열을 명백히 하려는 데서 비롯되었다고 한다.[38]

이와 같이 고려시대 이래 소규모의 계보성 족보는 귀족 사이에 작성되고 있었지만 한 동족 또는 한 분파 전체를 포함하는 것은 1423년(세종5년)에 간행된 문화유씨 영락보(文化柳氏永樂譜)가 최초의 족보로 알려져 있다. 그러나 현존하는 것은 1476년 발간된 안동권씨성화보(安東權氏成化譜)가 가장 오래 되었다. 이 외에도 조선 초기에 간행된 것으로는 남양 홍씨(1454), 전의 이씨(1476), 여흥 민씨(1478), 창녕 성씨(1493) 족보가 있다.[38]

이로부터 20세기에 이르기까지 시간된 것들이 현재의 족보이다. 족보가 신분을 표시하는 성격이 짙기 때문에 처음 출간되는 과정에서 자손의 수를 제외한 신분의 기록에 대한 것은 가탁(假託)이 많았다고 한다.[39] 국립중앙도서관에 보관되어 있는 일제강점기 발행의 족보를 통하여 족보 발행의 연원을 알아보면 그 당시 족보를 간행한 성(姓)의 종류는 125성이었다. 1930년에 당시 한국인 성의 총수 250종의 약 절반에 해당한다.[39]

앞에 안동 권씨 세보(1476), 전의 이씨 초보(1476) 가정보(1562) 등의 서문을 종합하면 친손과 외손이 차별 없이 모두 수록되어 있으며, 그리고 자녀는 연령 순위로 기재되어 있다. 17세기 전후에 간행된 족보에 기재된 내용의 변화를 살펴보면 다음과 같다.[3)][38)]

(1) 16세기까지는 외손도 친손 같이 모두 기재하다가 17세기에 들어와서 외손의 범위를 3대로 한정하는 가문이 있었다. 18세기에는 대부분 외손을 3대로 한정하였다. 그러나 조선 중기에 족보를 출간한 가문은 대체로 처음부터 외손을 2~3대만 기재하다가 사위만 기재하게 되었고, 조선 말기 그 이후에 족보를 처음으로 출간한 가문은 처음부터 사위만을 기재하는 경향을 보였다.

(2) 초기의 족보에는 아들, 딸(사위)을 출생 순위로 기재하였다. 그러나 중·후기로 내려오면서 선남후녀(先男後女)의 방식으로 바뀌었다.

(3) 파조(派祖)의 장자계보가 시종일관 계승된 집은 드물었다. 때로는 계자(系子)에 의하여 장자(長子)의 가계계승을 시도하였지만 결국 차남·3남 계열로 가계가 계승되기도 하였다.

(4) 16세기까지는 형이 절자(絶子)되는 경우에 동생의 장자를 계자로 하는 경우는 거의 없었고, 중자·말자를 계자로 하는 경우는 있었다. 17세기부터는 동생의 아들 중에서 한 명을 계자로 하였다. 18세기 이후에는 거의 동생의 장자나 독자를 계자로 하였다.

(5) 독자를 형에게 출계시킨 동생이 다른 근친자를 자신의 계자로 입양시키거나 한 사람이 계자로 가서 그 후손을 본가의 계자로 받아들인 양가(兩家) 독자 사례도 있었다.

이로부터 아들·딸·친가·외가를 차별하지 않는 평등의 가족문화가 고려를 거쳐 조선 전기까지 이어져 왔으며 부계 중심의 장자로의 변화는 임진왜란과 병자호란 이후인 17세기이 후에 시작되었음을 알 수 있다.

족보의 편찬 편집에는 일정한 원칙이 있었는데 족보의 기록을 구성요소로 나누면 다음과 같다.[3, 38]

(1) 서(序)는 족보의 권두에 실린 서문으로 족보 출간의 의의, 동족의 연원과 내력, 족보 편성의 차례 등이 기술되어 있었다. 발(跋)은 서(序)와 거의 같지만 편찬 경위가 자세히 기록되어 있다.

(2) 도표는 대부분 시조의 분묘도(墳墓圖)와 발상지에 해당하는 향리의 지도, 종사(宗祠)의 약도 등에 관한 것이다.

(3) 편수자(編修者)가 명기되어 있는데 그것은 기록을 정확하게 하게 하려는 데 목적이 있었다.

(4) 족보의 주된 기록인 계보표는 전질(全帙)의 대부분을 차지하고 있으며, 시조로부터 시작하여 세대 순으로 종계(縱系)를 이루고 있다. 개개인의 이름·자호·시호·생졸(生卒) 연월일·관직·봉호(封號)·과방(科榜)·훈업(勳業)·덕행·충효·정표(旌表)·문장·저술이 기록되어 있다. 특히 이름은 관명(冠名)이며 후손의 유무, 출계(出系)와 계자(系子) 남녀 구분 등이 명백했다.

(5) 시조의 묘지를 선영(先塋) 또는 선산(先山)으로 기록하였으며, 분묘의 표시는 그 소재지의 지명과 속명을 표시하였고, 화장(火葬)의 경우는 그 사유도 기록하였다.

족보는 한 가문의 역사기록이며, 가계의 연속성을 정리한 것이므로 기본적으로는 사문서(私文書)이지만 실질적으로는 많은 사람의 연혁이 기록되어 있다. 그리고 그 기본 목적에 자신의 혈통과 내력을 다른 사람에게 알리는 것도 포함하고 있기 때문에 공문서(公文書)로서의 성격도 짙다.

족보를 처음 발간한 목적이 당초에는 신분의 상승을 위한 것이 포함되어 족보에 표시된 자손의 수를 제외한 내용은 가탁이 있었다.[39] 하지만 족보는 우리 민족만이 소유한 귀중한 자산이다. 본 연구에서는 후손의 수적인 번성에 대한 자연적인 요인을 조사하는 것이 목적이므로, 후손의 수적인 번성에 대한 문헌은 족보보다 더 상세한 기록이 없다. 족보 기록에는 가계의 내력은 물론 생거지의 지리적인 정보와 묘지의 위치 정보, 그리고 시대의 흐름을 읽을 수 있는 내용 등이 망라되어 있어 필요한 데이터를 수집하는 데 가장 적합한 자료로 판단되었다.

2. 지모사상과 묘지풍수

우리 민족의 뇌리 속에는 자연을 숭배하고 산과 나무, 귀한 짐승들을 신성시하는 자연숭배사상과 사람은 흙에서 왔다가 흙으로 돌아간다는 지모사상(地母思想)이 뿌리 깊게 자리 잡고 있었다.[8]

풍수의 목적은 인간이 하늘과 땅에 기대어 부귀와 영화를 꾀하려는 데 있다. 그런데 하늘보다도 땅을 중시한다. 그것은 땅은 직접적이고 하늘은 간접적이기 때문이다. 풍수는 땅의 생산력과 어머니의 보육력이 같은 맥락이라고 간주하는 지모사상과 맥을 같이 한다. 사람이 태어나서 성인이 되기까지 나를 낳아 키우는 어머니는 직접적이고, 태동의 씨앗이 되는 아버지는 간접적이라는 의미를 반영한 것이다.[8]

땅을 어머니로 생각하는 지모사상은 우리나라뿐만 아니라 중국 등 여러 나라에서도 존재했다. 사람은 누구나 위기에 처하면 어디엔가 불가사의한 힘에 의지할 대상을 필요로 한다. 우리조상들은 천지신명과 산천의 영기에 기대기도 하고, 불교가 들어온 이후는 불법(佛法)에 의지하기도 했다. 우리의 이러한 토속사상, 특히 전통적인 지모사상은 일종의 운명신앙[50]으로 볼 수 있으며, 풍수사상이 태동하는 바탕[10]이 되었다고 한다.

사람을 비롯한 모든 동물은 한번 태어나면 언젠가는 죽는다. 죽음이란 육신에서 생명력이 떨어져 나감을 의미한다. 사람은 누구나 죽음이 항상 두려움의 대상이었다. 그 죽음을 목전에 두면 인간은 본능적으로 초자연적이고 절대적인 것에 대한 경외심을 가지게 된다.

죽음을 맞이할 때의 행태와 의식은 민족, 생활환경이나 자연환경에 따라 다르다. 생명이 다하게 된 시신을 신성시하기도 하고 혐오스럽게 생각하기도 하며, 다시 살아날 것이란 기대감을 갖기도 한다. 이러한 감정의 표출은 민족에 따라서, 같은 민족이라도 시대와 지방에 따라서, 그리고 문화와 종교에 따라서 다양한 형태로 나타난다.[58]

사람이 예를 갖추어 죽은 시체를 처리하는 과정을 장례라고 한다. 장례는 시신에 대한 공포와 함께 생시에 대한 애착, 존경 또는 숭앙하는 마음에서, 죽은 자의 시신을 함부로 버리지 않고 엄숙하고 경건하게 보존하거나 이를 자연으로 되돌려 보내는 과정이다. 또한 장례는 인간의 죽음에 사회·문화적 의미를 부여하는 의식행위이다. 장묘문화는 나라와 인종 또는 종교 등에 따라 하나의 관습으로 오랜 시간에 걸쳐 일상생활 속에서 자연스럽게 자생한 문화이다.[51]

세계에서 많이 사용되는 장묘 방법을 살펴보면 시신을 땅에 묻는 매장(埋葬), 불에 태우는 화장(火葬), 해양에서 이루어지는 수장(水葬), 야생동물의 먹이가 되게 하는 조수장(鳥獸葬), 풍장(風葬) 및 유기장(遺棄葬)이 있고, 고대 이집트에서 많이 행하여진 미라장(葬), 시신을 방부처리하고 화장(化粧)을 하여 매장하는 엠바밍장(Embalming葬), 성서에서 등장하는 지하동굴장, 일본에서 행해지는 장법으로 시체가 육탈된 뒤 깨끗이 씻은 후 다시 매장하는 세골장(洗骨葬), 바이킹족이 행하던 시체를 배에 태우고 불화살로 불을 지른 선장(船葬), 왕족이나 성직자들의 시체를 궁이나 성당에 안치하는 실내 안치장, 그리고 최근에 새로이 나타나고 있는 냉동장, 우주장, 수목장 등 시대와 문명에 따라 다양하게 나타나고 있다.[52]

우리민족에게도 일부이지만 과거에는 풍장이나 유기장 등[8]이 있었다. 하지만 고인돌 등 선사유적이 사람의 무덤이므로 우리의 매장문화는 먼 태고 때부터 형성되었다고 할 수 있다.[10]

고인돌이나 삼국시대 왕릉들의 입지가 대부분 풍수적 명당이라고 하므로 우리 조상들은 언제부터인가 시신을 매장하는 묘지의 선정에 신중하였을 것이라는 것을 알 수 있다. 그러나 묘지를 선정하는 기준이 후손의 번성을 기원하는 데 근거하였는지, 아니면 단순히 유골의 안전한 보전만을 고려하였는지는 알 수 없다.

고구려 무덤의 벽화나 신라의 천마총 벽화[53]외에도 낙랑시대의 무덤에서 출토된 동경(銅鏡)에 새겨진 후손의 번창을 기원하는 '銘日 長宜子孫 壽如金石 且佳好兮' '令氏作竟 多子孫 上有東王公西主母長如 山石令' 등의 문구는 묘지가 후손의 창성을 기원하는 수단이 될 수 있다는 것을 뒷받침한다.[8] 그리고 나말려초(羅末麗初)에 도선국사가 고려건국에 공로가 많은 공신들의 묘지를 소점하였다는 설, 조선조 왕가에서 묘지풍수에 왕조의 명운을 걸고 과거시험으로 별도의 관리를 두고 왕릉의 소점에 심혈을 기울인 것, 그리고 대부분의 지배계층이 묘지 풍수에 매달려 있었던 것 등은 묘지 풍수사상이 수백 년 수천 년에 걸쳐 신앙처럼 토착화되어 있었다는 근거가 될 수 있을 것이다.[7, 9]

조상의 산소를 명당에 모시면 '유골이 생기를 받아 편안하고, 조상의 유골이 편안하면 후손은 그 음덕을 받아 번창하고 발복을 받는다'[18, 33]고 하는 묘지풍수 사상은 그동안 많은 병폐도 있었다. 하지만 조상에 대한 효사상이나 뿌리를 존중하는 씨족문화에 기여한 긍정적인 면도 있고 후손번성의 근원적인 요인으로 보고 있는 경우도 많다.[11, 54] 그 예로 어느 가문의 혈통을 논할 때 '뼈대 있는 집안'[55]이라고 말하는 것이라든가, '뼈도 못 추린다'고 하는 말 등은 지하에 유골이 온전히 보전되고 있는지를 말하는 것으로서 이에 대한 사상이 뿌리 깊다는 것을 보여 주고 있다.

세계 어느 민족도 믿지 않고 있는 묘지풍수 사상은 우리민족만이 가지고 있는 독특한 문화이다.[30] 후손의 번성을 묘지의 풍수적 요인에서 찾고자 하는 것이 본 연구의 목적이기도 하지만 연구수행과 동시에 묘지풍수의 발복설의 진위를 가리는 것도 의미가 있다.

4_ 묘지풍수와 후손번성

풍수설에서 인간의 운명적 길흉에 영향을 준다고 생각하는 풍수의 구성요인은 용(龍)·혈(穴)·사(砂)·수(水)·향(向) 등이 주된 것이다.[11-12, 19-29] 여기에서는 풍수의 술책을 논하려는 것이 아니고 '죽은 자의 묘지가 살아 있는 후손의 수적인 번성과 관련이 있느냐'를 알아보려는 것이 주된 목적이다. 그 원인의 명확성을 기하기 위해서 풍수의 구성요인이나 변수들 중에서 목적하는 변수를 단순화할 필요가 있다.

묘지가 있는 장소의 종단경사면은 풍수 구성요소 중 혈(穴)과 내룡(來龍)에 해당된다. 혈은 시신이 매장된 장소이며 내룡은 혈이 있는 산맥[54]이다. 묘지풍수와 관련된 문헌은 역사가 오래된 만큼 종류도 많아 목록만 정리한 책이 한 권일 정도[13]이지만, 조선조 과거시험의 지리고시에 필수과목으로 채택되었던 『명산론(明山論)』[54]과 『청오경』·『금낭경』[12, 18]에서 용혈(龍穴)과 후손의 길흉과 관련된다는 주요 대목을 정리해 보면 다음과 같다.

1. 명산론 (明山論)

1466년에 제정된 경국대전에 의하면 『명산론(明山論)』은 정식으로 지리학 고시과목으로 채택되어 있다. 이후 이 과목은 조선조 500년 동안 줄곧 과거시험 및 취재과목으로 채택되었다. 이 문헌은 언제 누가 지었는지 알려져 있지 않고, 다만 생몰연대 미상의 북암노인 채성우가 편찬하였다는 기록만 있다.[54]

『명산론(明山論)』에 의하면 풍수는 일취산 (一取山)이라고 하여 산(山)을 최우선 과제로 삼고 있다. 여기서 산(山)이란 묘가 있는 산 줄기인 내룡(來龍)과 시신이 묻히는 지점인 혈(穴)을 말하므로 풍수의 제일 첫째는 용과 혈이다. 『명산론(明山論)』에서 용과 혈로 인한 후손의 길흉관계를 기술한 것을 간추려 보면 대략 다음과 같다.

(1) 음양론(陰陽論) 편에서 '물이 없고 산이 큰 것은 독양(獨陽)이고 산이 없고 물이 많은 것은 독음(獨陰)이다.' 독양은 절손을 야기하며 독음이면 후손이 쇠락한다.

(2) 12산명 편에 '名山之分一十有二' 라 하여 산에는 〈曰生 曰福 曰應 曰揖, 曰枉 曰殺 曰鬼 曰劫 曰遺 曰病 曰死 曰絶〉 등 열 두 가지 구분이 있다고 하고 生 · 福 · 應 · 揖은 좋은 땅이고, 枉 · 殺 · 鬼 · 劫 · 遺 · 病 · 死 · 絶은 나쁜 땅이다.

여기에 기록된 좋은 땅 네 가지는 다음과 같이 설명할 수 있다.

❶ 생룡(生龍)은 조종산에서 출발한 산맥이 크게 엎드리고 작게 솟고, 뱀이 물을 가르며 가는 것 같고, 딱따구리가 공중을 날 때처럼 올라갔다가 내려갔다가 하고, 좌우에 지각이 있으

며, 입수가 단정하고 안산이 옆으로 뻗어 영접을 받고 있는 형태의 용(龍)이다. 이러한 생룡은 자손이 장수한다.

❷ 복룡(福龍)은 용(龍)을 양쪽에서 받쳐주는 지각이 없더라도 혈의 앞산인 안산(案山)이 잘 일으켜져 있고, 안산 옆으로 다시 산이 있어서 내룡(來龍)의 옆을 잘 보호해 주는 형태를 갖추고 있는 용(龍)이다. 이런 복룡은 자손이 부귀한다.

❸ 응룡(應龍)은 안산이 없더라도 혈의 좌우를 호위해주는 청룡산과 백호산이 잘 감싸주는 용이다. 이러한 응룡은 자손이 충효한다.

❹ 읍룡(揖龍)은 내룡을 청룡산과 백호산이 겹겹이 둘러싸면서, 겸양하고 양보하여 유정한 모습으로 호위를 받고 있는 용이다. '읍룡은 자손이 예의와 겸양을 할 줄 안다'

그리고 나쁜 땅 여덟 가지도 다음과 같이 설명될 수 있다.

❶ 왕룡(枉龍)은 청룡산과 백호산이 열리지 않아서 국세가 좁고 내룡이 혈을 받아들이지 않고 거부하며 등을 돌려 달아나는 산이다. 왕룡은 자손이 요사간악하고 미쳐 날뛴다.

❷ 살용(殺龍)은 산맥의 좌우가 날카롭고 험악한 산이다. 살룡은 자손이 벌레나 호랑이에게 물려 죽는다.

❸ 귀룡(鬼龍)은 산맥이 갈라지고 쪼개진 산이다. 귀룡은 자손이 전염병이나 질병에 걸린다.

❹ 겁룡(劫龍)은 산맥이 쪼개지고 갈라짐이 많은 산이다. 겁룡은 자손이 살육과 파멸을 당한다.

❺ 유룡(遊龍)은 서로 떨어지고 산만하게 뻗어내리는 산이다. 유룡은 자손이 바람피워 도망간다.

❻ 병룡(病龍)은 한쪽으로 기울고 무너진 산이다. 병룡은 자손에게 난산과 고질병이 생긴다.

❼ 사룡(死龍)은 능히 변화가 없어 동적이지 못한 산이다. 사룡은 죽어 나가는 자가 끊이지 않는다.

❽ 절룡(絶龍)은 주변에 산이 없이 혼자 외롭고 힘없이 있는 산이다. 절용은 자손이 죽어 후손이 없다.

이처럼 산이 길흉을 주관하는 바가 마치 그림자와 메아리처럼 반응을 보이니 '장례를 치르는 집안에서는 그 자리를 선택함에 있어서 신중하지 않을 수 없다' 라고 기술하고 있다.

2. 청오경(靑烏經)과 금낭경(錦囊經)

『청오경(靑烏經)』·『금낭경(錦囊經)』은 조선조 지리업 고시 때 암송을 해야 하는 풍수 책이었다. 『청오경』은 연대미상의 청오자(靑烏子)라는 사람이 쓴 풍수고전이고, 『금낭경』은 중국 한대(漢代)의 곽박(郭璞, 276~324)이 『청오경』에 주석을 달고 가필한 풍수고전이다. 『금낭경』이라고 이름이 붙여진 것은 이 풍수 책을 저술하여 임금께 받치고, '이 책은 비책이니 깊이 간직하라' 는 말에 왕실에서 비단보자기에 싸서 보관하였다고 하여 붙여진 이름이라고 한다.

이 문헌에 나타나는 죽은 자의 유골과 그 후손과의 관계를 용혈과 관련하여 좋은 땅과 나쁜 땅에 대하여 기술한 내용을 요약하면 다음

과 같다.[12, 18]

(1) 기감편(氣感篇)에서 '葬者乘生氣也 五氣行乎地中' '人受體於父母 本骸得氣 遺體受蔭' 이라 하여 '땅 속에 묻힌 죽은 자의 유골이 땅 속을 돌아다니는 생기를 받으면, 그 영향이 유골로부터 몸체를 물려받은 후손에게 전달되어 음덕을 받는다'고 기술하고 있다. 그리고 그 원리를 '是而銅山西崩 靈鐘東應'이라 하여 '서쪽에 구리광산이 무너지니 동쪽의 미양궁에 있는 동종(銅鐘), 즉 서쪽 광산에서 캐낸 구리로 만든 종(鐘)이 울리는 것'과 같은 원리라고 하였다.

(2) 산세편(山勢篇)에서는 다음과 같은 형태의 다섯 가지 산에서 장사지낼 수 없다고 하였다.

❶ 기(氣)는 생(生)으로서 화(和)함이 있는 것인데 초목이 없는 동산(童山)에는 장사(葬事)를 지낼 수 없다.

❷ 기(氣)는 형(形)을 따라 오는 것이니, 그러므로 산맥이 끊어진 단산(斷山)에는 장사를 치를 수 없다.

❸ 기(氣)는 흙으로 행(行)하는 것인데 흙이 없는 석산(石山)에는 장사를 지내지 못한다.

❹ 기(氣)는 세(勢)로서 멈추는 것인데, 멈춤이 없는 과산(過山)에는 장사지낼 수 없다.

❺ 기(氣)는 용(龍)으로 모이는 것인데 음양이 조화롭지 못한 독산(獨山)에는 장사를 지낼 수 없다.

(3) 산세편(山勢篇)과 취류편(取類篇)에 다음과 같은 내용의 기록도

있다.

❶ 그 폐가 되는 바 결함(缺陷)이 있는 곳을 살피라.

❷ 산의 형태가 불규칙하고 혼잡하거나 주인이 되는 산과 손님이 되는 주변의 산이 비슷하면 쓰지 못한다.

❸ 산의 형세가 일정치 못하면 기가 흩어진다.

❹ 산의 형태가 이리저리 흩어지면 모든 일이 혼란하다.

❺ 산의 형태가 옷가지처럼 흩어져 있으면 음행하는 여자가 나온다.

자연의 질서가 없는 산은 좋지 못하다고 기술한 것이 핵심이다.

이상에서 살펴본 풍수고전의 내용에 따르면 좋은 땅, 좋은 산은 연결이 확실하고 변화가 많으면서 질서가 있고, 지반이 안정되어 있다. 하지만 나쁜 땅, 좋지 못한 산은 변화가 없으면서도 연결성이 없고, 깨어지고 끊어져 있으며, 또한 무너져 있고 흐트러져 어지러우며 불안정한 땅이라고 기술하고 있다.

5_ 연구방법과 통계분석에 대해서

1. 연구조사에 대한 선결 과제

여기에서는 사람의 후손 출생에 대한 자연적인 요인을 밝히고자하는 것이어서 변수의 범위가 광범위하다. 그래서 변수의 범위를 첫째 거주지의 지리환경적인 요인,[15, 16] 둘째 한 가문의 가계적인 요인,[23] 셋째 물질적인 풍요가 자연스레 반영되는 연대적 요인,[56-57] 넷째 우리의 관습적인 면에서 토속사상인 묘지풍수적 관점[8] 등에 한정하여 규명하기로 하였다. 이 문제에 접근하기 위해서는 먼저 전제되어야 할 조건이 필요했다.

첫째, 연구조사 대상 가문은 현재 후손이 존재해야 한다.

둘째, 그 집안의 연혁 및 자손 수의 연결과 증감에 대한 기록이 존재해야 한다.

셋째, 그 기록은 열람이 가능하고 공개되어 있어야 한다.

넷째, 연구조사에 필요한 사항에 대하여 현지조사와 실사가 가능해야 한다.

다섯째, 조사의 범위가 광범위하므로 효율성과 능률성을 제고할 방도가 있어야 한다.

이러한 문제를 해결하기 위해서는 우리문화가 가지고 있는 중요한 유산인 족보가 적합한 자료로 판단되었다. 족보에는 시조에서부터 자손의 수는 물론 출계와 계자 등 출신의 정보가 수록되어 있고, 또한 출생과 사망의 연·월·일의 정보가 있어 시대 상황까지 추적이 가능하다. 그리고 문중에 공개되어 있어 열람이 용이하고, 현지조사가 필요한 묘지의 연혁과 위치정보와 집단 생거지의 정보도 담겨 있다. 또한 족보는 조사의 능률과 효율성을 제고하기 위한 도식화로의 축약이 가능하다.

한편 현존하는 족보가 대부분 조선 중기 이후에 작성되고 내용의 가탁이 있어 신뢰성에 의문을 제기할 수도 있으나 여기에서는 신분 상의 문제가 아니고 후손의 수와 관련되는 것이고, 현존하는 후손에서 10대까지만 거슬러 올라가는 것이므로 본 조사와 관련되는 후손의 개체수에 대한 기록[39]들은 명확한 것으로 판단되었다.

조사의 능률성을 높이기 위해서 번성하는 것을 감소하거나 정체되는 쇠퇴의 반대개념으로 상정하고, 출생 상황을 파악하는 확장의 개념보다 후손을 두지 못하여 절자되거나 절손되는 축소상황 중심으로 파악하였다. 그리고 조사의 신뢰와 정확을 기하기 위해서 조사 대상 가문을 현재 후손이 있는, 자료가 명확한 가문으로 한정하였다.

2. 연구방법

(1) 연구조사 순서

조사의 능률과 효율성을 높이고 신뢰성 있는 결과를 도출하기 위해서는 연구의 계획과 설계가 중요하다고 판단되었다. 각 가문마다 다르게 나타나는 자손의 번성에 대한 원인을 연대적 차이, 가계적 차이, 지리적 차이, 그리고 5대조 묘지의 지형에 대한 차이를 족보 데이터와 묘지조사 데이터로 파악하고자 하였다.

이렇게 해서 먼저 족보와 묘지에서 얻어진 정보로 데이터베이스를 구축하고, 구축된 데이터베이스에 의하여 원인을 분석한 후, 도출되는 유의한 결과에 따라 통계적인 분석을 통하여 결론을 얻고자 하였다. 획득에서부터 결론에 이르기까지 조사 분석 과정의 흐름을 그림으로 표시하면 [그림3-5]과 같다.

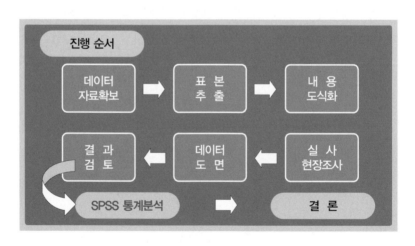

[그림3-5] 연구 조사 흐름도

먼저 데이터 확보를 위하여 후손의 수와 연혁 및 묘지정보 자료가 담긴 족보를 선정하고, 그 다음에 연구의 전제조건들을 충족할 수 있는 가문에서 표본을 추출하였다. 그리고 후손의 개체수에 대한 출생, 절자, 절손 상황에 대한 효율적이고 정확한 계량과 경향의 흐름을 파악하기 위하여 족보를 오토캐드프로그램을 이용하여 다이어그램식 가계도로 도식화하였다.

도식화된 족보자료를 실사하여 족보자료에서 기본적인 경향을 검토하고, 데이터를 왜곡시키지 않고 변수를 명확히 할 수 있는 기준인물의 산소를 표본묘지로 선정하였다. 표본묘지의 현지지형을 간이토목측량방식[46]에 의하여 봉분 앞 상석을 기점으로 능선을 따라 종단측량을 하여 묘지가 있는 비탈면의 비탈구배를 구분하는 자료로 활용하였다.

묘지의 지형측량 결과를 도면화하여 묘지의 지형에 대한 변수를 확정짓고, 묘지정보와 가계도에서 조사된 개체별 수치자료를 종합하여 데이터베이스를 구축하였다.

구축된 데이터베이스는 1차적으로 표와 그림에 의한 방식에 의해 조사결과를 고찰하였다. 데이터에 의한 고찰은 연대별, 지역별, 가문별, 묘지의 지형별로 출생 현황, 대별(代別) 절자 현황, 형제별 절자 현황, 손자의 절손 현황 및 직계장손, 직계말손의 절손 현황으로 하여 세부항목으로 분석하였다. 분석결과 유의점이 도출된 '기준산소의 지형에 대한 차이'에 대하여는 과학적인 타당성을 도모하기 위해 가설을 제시한 후, 그에 따른 가설의 채택여부를 영남대학교 통계연구소에 의뢰하여 통계적인 의미를 해석하여 결론을 도출하는 순서로 진행하였다.

(2) 데이터 확보

앞에서 설명한 바와 같이 본 연구의 목적이 후손의 자연스러운 번창에 대한 요인을 찾고자 하는 것이므로 신뢰성 있는 데이터가 필요하다.

기초 자료가 되는 족보는 경북지방을 주로 하여 총 16개 문중의 족보자료를 확보하였으며, 사용된 표본은 확보된 족보 자료 중에서 후손 개체에 대한 기록이 확실하고 현재 후손이 존재하는 가문을 대상으로 하였다. 개체수에 대한 신뢰를 높이기 위하여 표본의 시간적인 범위는 현대에서 거슬러 10대까지의 범위 내에서 1개 표본 당 5대까지의 기간을 원칙으로 하였다.

16개 문중의 족보에서 표본을 추출한 결과 경북지방이 세거지인 가문 35개와 경북 이외의 지방이 세거지인 가문 15개가 추출되었으며 그 내용을 정리한 것이 [표3-1]이다.

[표3-1] 표본추출 현황

단위 : 가문

표본 계	지역별						시대별	
	경북	경북 이외					19세기이전 (1840년 이전)	19세기이후 (1850년 이후)
		경남	전북	경기	충청	계		
50	35	3	5	3	4	15	26	24

경북 이외 지역의 가문은 [표3-1]에서 보는 바와 같이 경남 3가문, 전북 5가문, 충청 4가문, 경기 3가문이다.

추출된 표본의 연대별 구분은 1840년대를 전후하였다. 이 시점은 현대에서 거슬러 10대(약 300년)까지의 분기점이며, 우리사회에서 형식과 양반계급이 무너지기 시작하고 실사구시가 중요시되는 실학이 보급되기 시작했던 시기이기 때문이다.[5] 이때를 기준점으로 추출된 표본을 분류한 결과 1840년대 이전이 26가문, 그 이후가 24가문이 되어 이를 19세기 이전과 이후라고 칭하였다.

후손번성에 대한 묘지 풍수적 요인을 고찰하기 위하여 묘지의 조건은 지질의 흠결이 없고 안정된 지반입지 여건[4, 58]이 가장 중요하다고 보았다. 또 묘지의 안정을 봉분이 있는 평판과 평판을 받치고 있는 사면의 경사 정도를 기준[58]으로 삼았다. 묘지의 풍수적인 변수는 수없이 많기 때문에 원인의 명확성을 기하기 위해서 고찰대상 묘소에 대해서는 다음과 같은 전제조건을 설정하고, 이를 묘지지형의 구분기준으로 하여 변수를 단순화하였다.

첫째, 묘지 풍수적인 변수는 시신이 매장된 봉분[穴]을 중심으로 봉분 앞 평탄지의 종단 길이 및 묘지의 평판을 받치고 있는 묘지 앞의 종단 비탈구배의 완급으로 한정하였다. 묘지 앞의 지형은 묘지의 지형관찰이 가장 용이한 장소이다. 이곳이 단단하여 상당한 넓이의 평지를 이루고 있는 곳과 이곳이 좁고 그 앞이 바로 급경사면을 이루는 곳을 서로 비교하였다. 이렇게 한 이유는 산비탈에서 평탄지의 광협과 비탈 경사의 완급은 지반안정을 판단하는 기준이 될 수 있기 때문이다.[58]

둘째, 묘지의 봉분 앞 지형의 형태는 조사대상 표본이 명확하게 서로 달라서 원인에 대한 비교와 구분을 확실하게 할 수 있는 것만 선택하였고, 구분이 모호한 것은 제외하였다. '봉분 앞 평탄지의 종단 길이'의 정도와 '묘지 앞 경사의 완급상태'를 극한으로 양분하여 완

경사묘와 급경사묘로 구분하였다.[12, 18, 54]

셋째, 고찰 대상 묘는 고위(考位)와 배위(配位)가 한 곳에 있는 묘를 원칙으로 하고, 장소가 다를 경우에는 묘지의 경사가 고위와 배위가 서로 비슷한 경우만 표본으로 취하였다. 같은 가문에서 고위와 배위의 묘소지형이 판이하게 서로 다르거나 지형의 완급의 구분이 모호하여 원인을 규명하는 데 방해요소가 되는 표본은 조사대상에서 제외하였다.

넷째, 묘지로 인한 후손에 대한 번성여부의 관찰 대상개체는 후손들 중에서 그 개념을 확실히 구분할 수 있는 장자와 말자, 장손과 말손에 한정하여 고찰함으로써 묘지가 있는 장소의 형태, 그 후손들의 번성여부와의 인과관계를 밝혀내고자 하였다.

(3) 데이터 조사와 분석

자손이 번성하는 원인에는 많은 변수들이 있을 것이라는 것은 쉽게 짐작할 수 있다. 그러나 여기에서는 단지 네 가지 원인에 한정하여 알고자 한다.

이에 필요한 데이터를 족보와 묘지에서만 얻고자 하므로 족보와 묘지에서 후손의 번성과 관련하여 얻을 수 있는 데이터를 약 90개 항목으로 설정하였으며, 이것을 정리하면 [표3-2]와 같다.

[표3-2]에서 보는 바와 같이 족보 및 묘지에서 얻을 수 있는 데이터는 가문명과 묘소의 현재 상태 등 문중의 개요 부분 5개 항목, 출생현황에 대하여 5대까지의 형제 관계 등 21개 항목, 절자 현황에 대하여 5대까지 형제별 현황 등 39개 항목, 절손 현황에 대하여 직계장손

[표3-2] 족보 및 묘지 데이터조사 항목 일람표

NO	문중명	묘지위치	1대장자	1대중자	1대말자	1대계
	1	2	3	4	5	6
2대장자	2대중자	2대중자	2대계	3대장자	3대중자	3대계
7	8	9	10	11	12	13
3대말자	4대장자	4대중자	4대말자	4대계	5대장자	5대중자
14	15	16	17	18	19	20
5대말자	5대계	개체합계	1대절장자	1대절중자	1대절말자	1대절자계
21	22	23	24	25	26	
1절자비율	2대절장자	2대절중자	2대절말자	2대절자계	2대절비율	3대절장
28	29	30	31	32	33	34
3대절중	3대절말	3대절자계	3절자비율	4대절장자	4대절중자	4대절말자
35	36	37	38	39	40	41
4대절자계	4절자비율	5대절장자	5대절중자	5대절말자	5대절자계	5대절자비율
42	43	44	45	46	47	48
절자합계	절자비율	장자수	절장자	절장확률	절장자비율	중자수
49	50	51	52	53	54	55
절중자	절중확률	절중자율	말자수	절말자	절말확률	절말자율
56	57	58	59	60	61	62
1대장손절	2대장손절	3대장손절	4대장손절	장손절계	1대말손절	2대말손잘
63	64	65	66	67	68	69
3대말손절	4대말손절	말손절계	종1장손절	종2장손절	종3장손절	종4장손절
70	71	72	73 .	74	75	76
장장손절계	종1말손절	종2말손절	종3말손잘	종4말손절	종말절손계	1대증가율
77	78	79	80	81	82	83
2대증가율	2대증가율	3대증가율	4대증가율	5대증가율	년대	지역
84	85	86	87	88	89	90

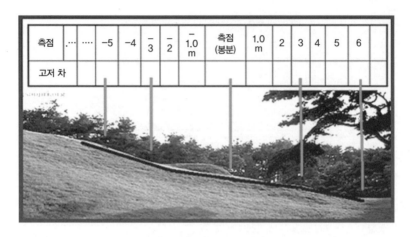

측점	.···	·····	-5	-4	$\frac{-}{3}$	$\frac{-}{2}$	$\frac{-}{1.0}$ m	측점 (봉분)	1.0 m	2	3	4	5	6	
고저 차															

[그림3-6] 묘지의 지형 측정 측선 및 측점 예시도

등 손자의 절손상태 등 20개 항목이다.

　표본으로 추출한 50개 가문의 족보기록으로부터 출생 · 사망 · 계
자 · 절자 · 절손 상황을 조사하였고, 조사한 결과를 엑셀프로그램을
이용하여 데이터베이스로 구축하였다.[59-60]

　묘지의 지형조사는 [그림3-6]에서 보는 바와 같이 봉분 앞 상석을
기점으로 상하로 20m를 간이측량방식으로 토목측량을 하여 엑셀프
로그램을 이용하여 도면화하였다. 묘지 앞 종단 경사를 앞뒤에서 측
정하는 모습을 [사진3-1]과 [사진3-2]에 나타내었다.

　여기에서는 묘지평판(당판)에서 봉분 앞의 여유 평탄지(이후 '봉분 앞
평지'라 함)와 전순 부분 사면의 종단경사(이후 '묘지 앞 경사'라 함)를 종
합하여 변수로 삼았다.

　묘지의 지형에 대한 변수들을 열거하면 종단경사의 완급, 횡단면
의 기울기 · 균형 · 후부, 내룡의 방향 변화, 지질의 견밀성, 바람의

[사진3-1] 묘지지형의 종단 경사 측정 장면(묘지 앞)

[사진3-2] 묘지지형의 종단경사 측정 장면(묘지 뒤)

강약, 수분의 정도 등 6차원 내지 8차원, 그 이상 더 많은 변수도 말
할 수 있을 것이다. 그러나 후손 개체수의 번성과 묘지 지형과의 관

련 유무에 대한 명확성을 기하기 위하여 변수는 단순화가 필요했다. 그 변수는 풍수에서 논하는 지형요소에서 가장 기본요소인 산맥의 흐름에서 멈춤을 의미하는 용진(龍鎭)의 여부와 그 정도[10-12, 19, 54]를 나타내는 묘지 종단경사의 완급을 변수로 취하였다. 봉분 앞의 평지와 묘지 앞 경사면은 지형의 변화를 읽을 수 있는 곳이다. 봉분으로부터 상단부의 지형에 대한 변수의 차이를 없애기 위해, 표본지로 선정된 19개 묘지는 묘지평판의 경사가 10% 이상 상승구배를 이루어 내룡이 묘지를 든든하게 받치고 있는 곳을 선택하였다.

묘지의 지형을 봉분 앞 상석을 기점으로, 상하로 종단측량을 하여 '봉분 앞의 평탄지' 와 '그 앞 사면의 경사' 에 따라 '급경사묘' 와 '완

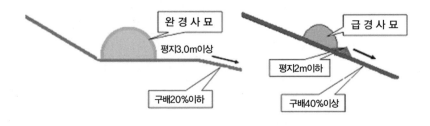

[그림3-7] 묘지 앞 지형에 따른 묘지형태 구분 기준도

[표3-3] 묘지 지형에 따른 묘지형태 분류기준

집단 구분	가문수(가문)	봉분 앞 평탄지 종단길이(m)	묘지 앞 경사면 평균구배(%)
완경사묘	9	〉3.0	〈20.0
급경사묘	10	〈2.0	〉40.0
미인지(대조)	31	-	-

경사묘'로 구분[4]하였다. [그림3-7]은 묘지지형의 구분기준을 그림으로 표시한 것이고, [표3-3]은 그 기준에 따라 분류된 표본 묘지를 형태별로 정리한 것이다.

여기에 사용된 급경사묘와 완경사묘의 명칭은 '묘지 앞 사면 경사'의 비탈 정도를 표시하기 위하여 붙여진 이름이며, 단순히 봉분이 있는 평판의 경사를 의미하는 것은 아니다.

[그림3-7]의 묘지의 지형 형태별 분류기준은 완경사묘는 봉분 앞 평탄지의 종단길이가 3m 이상이고 그 앞 경사면의 사면 구배가 20% 이하로 형성되어 지반이 안정되어 있는 묘지이며, 대상지 19개소 중 9개소가 이 집단으로 분류되었고 이를 '완경사묘'라고 칭하였다.

급경사묘는 봉분 앞의 평탄지의 종단길이가 2m 이하이고 그 앞 경사면의 사면 구배가 40% 이상으로 급경사를 이루는 곳을 말한다. 19개소 중 10개소가 이 집단으로 분류되었으며 '급경사묘'라고 칭하였다.

묘지 종단 지형의 측정 기준은 상석이 있는 곳으로 하였고, 경사도를 나타내는 구배(句配)의 단위는 '%'로 하였다. 이 때 '10%의 구배라고 함'은 수평거리 1m에 대하여 수직 고저차가 0.1m일 때의 비탈정도를 말한다.[46]

이 기준으로 분류한 급경사묘와 완경사묘의 대표적인 전경을 [사진3-3]과 [사진3-4]에 나타내었다.

조사하지 못한 31개소는 근사평균으로 상정하고 참고데이터의 의미를 부여하기 위해 대조군으로 하였다. 대조군과 전체평균은 완경사묘와 급경사묘를 비교하는 데 보조지표로 삼았다.

[사진3-3] 급경사묘 전경(봉분 앞에 평탄지가 없고 경사가 급하다)

[사진3-4] 완경사묘 전경(봉분 앞에 평탄지가 넓고 경사가 완만하다)

이상과 같은 기준으로 작성된 데이터베이스를 활용하여 후손의 번
성에 대한 원인을 연대적인 차이, 지리적인 차이, 가문의 내림에 의

한 가계적인 차이, 그리고 묘지의 지형적인 차이 등으로 구분하여 분석하였다.

원인 분석에 따른 개체수는 여기에서 '정체하거나 쇠퇴하는 것'을 번성의 반대개념으로 상정하여 접근하고 있으므로 절자 · 절손 중심으로 분석하였다.[60-61]

연대적인 차이점과의 분석은 1840년대를 기점으로 양분하여 이전 26개 가문과 이후 24개 가문에 대한 각종 변수의 평균으로 비교하였으며, 비교한 변수는 절자율 · 절장자율 · 절중자율 · 절말자율을 개체단위와 가문단위로 구분하여 분석하였다. 손자의 절손율은 절장손율 · 절말손율 · 절직계장손율 · 절직계말손율로 구분하여 가문단위로 분석하였다.

지리적인 차이점과의 관계를 알아보기 위하여 지역을 시도(市道)로 구분하고, 경북지역 세거가문 35가문과 경북 이외의 지역 세거가문 15가문으로 구분하여 분석하였다. 비교 집단은 단순히 경북지역과 경북 이외 지역, 그리고 경북지역과 경남, 전북, 충 · 남북, 경기지역을 나누어 비교하는 방식으로 하였다.

비교한 변수들은 절자율은 가문단위와 개체단위로 구분하여 비교하고 절장자율 · 절중자율 · 절말자율은 개체별로 검토하였다. 절손율은 가문단위로 하여 절손의 경험 유무를 이분법으로 양분하는 방법으로 장손과 말손 그리고 직계장손과 직계말손의 절손관계를 비교분석하였다.[62-64]

가계와 가문의 차이에 대한 분석은 표본으로 추출된 50개 가문 중에서 한 가계에서 선대와 후대가 있는 5개 가계를 임의로 추출하여,

선대와 후대를 종적으로 비교함으로써 절자율·절손율의 규칙성 여부를 탐색하고, 같은 가문에서 2대의 각 개체별 후손이 번성하는 경향을 비교하여 횡적인 분석도 하였다.[61]

묘지 지형에 따른 차이점은 묘지의 현지 측정결과에 따라 구분한 급경사묘 10개 가문, 완경사묘 9개 가문과 대조군 31개 가문을 2. 3. 4방식의 평균비교법으로 검토하였다. 즉 급경사묘와 완경사묘, 그리고 대조군·급경사묘·완경사묘, 대조군·급경사묘·완경사묘·전체평균을 비교하는 방법으로 수행하였다.[59-65] 분석결과, 집단 간의 차이는 있으나 급경사묘와 완경사묘와의 관계에서 특이점이 없는 것은 유의성이 있다고 판단하지 않았다.

묘지 지형과 관련한 후손개체별 요인분석은 절자율·절장자율·절중자율·절말자율을 개체단위와 가문단위로 구분하여 분석하였다. 손자의 절손율은 절장손율·절말손율·절직계장손율·절직계말손율로 구분하여 가문단위로 분석하였다. 절손율은 가문마다 편차가 많은 개체수의 차이를 보정하기 위하여 절손의 빈도는 무시하고 단순히 사례경험 유무관계를 이분법으로 양분하여 비교하였다.[66-67]

각 요인별로 유의점이 있으면 집단별 개체의 증감추세를 그래프로 비교하여 차이점에 대한 근거를 보완하는 방법을 취했다. 여기에서는 각 가문마다 다르게 나타나는 후손의 번성에 대한 원인을 찾는 것이 목적이다. 그래서 절자, 절손 중심으로 분석한 결과 얻어진 데이터를 근거와 집단별 개체 증가율을 종합하여 개체가 번성하는 통계수치를 계산하여 족보로 파악한 실사 수치와 비교하였다.

도출되는 유의점에 대해서는 보다 객관적이고 과학적인 타당성을

도모하기 위해 가설을 제시한 후, 그에 따른 가설의 채택 여부를 통계적으로 분석하였다.[68]

3. 통계분석 방법

통계분석은 분석에 대한 신뢰성을 확보하기 위하여 영남대학교 통계연구소에 의뢰하였으며, 여기에 사용된 통계분석프로그램은 사회과학통계프로그램인 SPSS(Version 12.0)가 사용되었다.[66-68]

통계분석 방법은 집단간 절자율의 평균비교를 위해서는 Levene의 등분산 검정(Levene Test for Equality of Variance), 일원배치분산분석, Welch 일원배치분산분석, 여러 가지의 사후 검정법을 활용하여 동일 집단군을 도출하였다.[59-68]

한편 손자의 절손사례와 후손의 증감상황은 교차분석법을 활용하고, 유의확률은 Fisher의 정확한 검정에 의한 방법을 채택하였다. 통계분석시의 유의수준(P)은 0.05로 하였으며, 통계분석 결과 유의확률이 유의수준보다 작은 경우만을 통계적 의미가 있는 결과로 채택하는 방법으로 후손번성의 요인을 증명하고자 하였다.[59-68]

(1) 등분산과 평균분석

집단 간의 평균 비교를 위해서 비교하고자 하는 집단의 분산이 서로 같은지 검정하는 것을 등분산 검정이라고 한다. 등분산 검정과 집단 간 평균 비교를 위한 일원배치분산분석의 흐름도를 그림으로 표시하면 [그림3-8]과 같다. 묘지 지형에 따른 차이, 즉 급경사묘와 절자율 · 절장자율 · 절중자율 및 절말자율과의 관계는 일원배치분산

분석법으로 평균을 비교하여 후손의 개체수가 어떻게 변했는지를 분석하였다.

일원배치분산분석법에 따른 등분산 검정은 Levene의 등분산 검

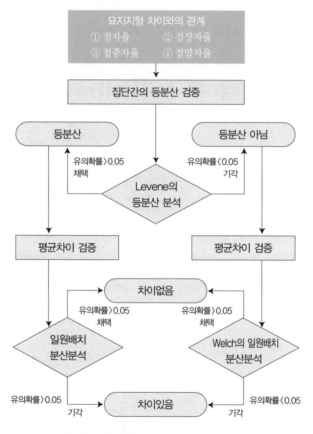

[그림3-8] 등분산검정과 평균분석의 흐름도

정법을 사용하였다. Levene의 등분산 검정은 다수의 샘플 등의 등분산 정도를 측정하는 데 활용되는 통계 방법으로, 가설의 기각 혹은 채택여부를 결정하는 것이다.

Levene의 등분산 검정을 통해 가설이 주장하는 내용의 유의확률 값을 구하고, 그 값이 유의수준 이상이면 가설을 채택하고, 유의수준 미만이면 가설을 기각한다. 여기에서는 95% 신뢰도로 통계 분석하였다.

가설이 채택되면 등분산이 가정되므로, 이때 평균차이의 검정은 일원배치분산분석을 통해 실시하였다. 일원배치분산분석법은 귀무가설 '각 집단의 평균은 차이가 없다'로 정하고 측정된 값이 유의수준 이상이면 그 가설은 채택되어 각 '집단 간의 평균에는 차이가 없다'는 것을 증명할 수 있다. 또한 측정된 값이 유의 수준 이하이면 그 가설은 기각되어 각 '집단 간의 평균에는 차이가 있다'를 증명할 수 있다. 평균차가 유의하면 어디서 어떻게 평균차가 있는지를 알아보기 위하여 사후검정을 실시하였다. 사후검정은 등분산의 가정이 만족하여 일원배치분산분석법으로 평균을 비교하였을 때는 Duncan의 방법을 택하였다.

한편 Levene의 등분산 검정에서 분산이 정규분포를 따르지 못하여 '등분산의 가정'이 기각될 때는 Welch의 일원배치분산분석법으로 평균차를 검정하였다. Welch의 일원배치분산분석법도 측정된 유의확률 값이 유의수준 이상이면 그 가설은 채택되어 '평균에는 차이가 없음'을 증명할 수 있다. 또한 측정된 유의확률 값이 유의수준 이하이면 그 가설은 기각되어 평균에는 차이가 있음을 증명할 수 있는 분석법이다.

Welch의 일원배치분산분석 결과 평균차가 유의한 결과가 나오면 사후검정을 실시하였다. 사후검정은 평균차가 나오는 요인을 규명하는 것으로 여기서 사용한 사후검정법은 Games-Howell, Tamhane과 Dunnett T3 방법 등이다.

(2) 교차분석

묘지 지형의 차이에 따라 장손, 말손, 직계장손 및 직계말손과의 관계를 증명하고, 후손의 개체수가 대수가 지나감에 따라 어떻게 변화하였는지의 검정은 교차분석법으로 분석하였다.

교차분석은 두 개의 범주형 변수를 동시에 교차하는 교차표로 만들어 각각에 해당하는 빈도와 비율에 대한 경우의 수까지 구할 수 있는 분석이다. 특히, 평균을 수치로 구할 수 없는 명목척도나 서열척도인 경우에 사용하는 분석방법이다. 교차분석을 실시한 과정을 그림으로 나타내면 [그림3-9]와 같다.

분석하고자 하는 개체수가 20개 이하이므로 여기는 SPSS프로그램에서 지원하는 '정확한 분석'으로 수행하였다. 이 방법으로 교차표를 만들고 정확한 절손율 차이의 유무를 검정하기 위해 카이제곱(x^2)검정을 이용하였다.

카이제곱(x^2) 검정은 3개 이상의 질적 범주로 구성되어 있는 명목변수에 있어서 각 범주의 관찰빈도와 가설에 의한 기대빈도 사이에 의미 있는 차이가 있는가를 검정하는 적합성 검정 방법이다. 주어진 자료가 명목변수인 비연속적 범주로 구성되어 있을 경우 두 독립표본 집단 간의 분포 차이의 유의도를 검정할 때 사용하는 추리통계 방법이다.

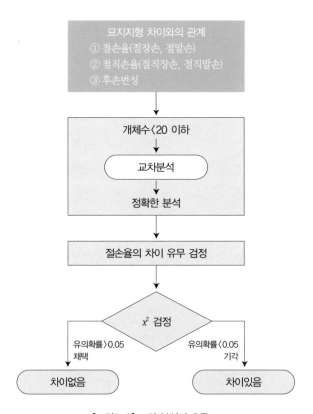

묘지지형 차이와의 관계
① 절손율(절장손, 절말손)
② 절직손율(절직장손, 절직말손)
③ 후손번성

개체수〈20 이하

교차분석

정확한 분석

절손율의 차이 유무 검정

χ^2 검정

유의확률〉0.05
채택

유의확률〈0.05
기각

차이없음

차이있음

[그림3-9] 교차 분석의 흐름도

카이제곱(χ^2)검정을 통해 측정된 값이 유의수준 이상이면 그 가설은 채택되어 평균에는 차이가 없음을 증명할 수 있다. 또한 측정된 값이 유의수준 이하이면, 그 가설은 기각되어 평균에는 차이가 있음을 증명할 수 있다.

여기서 유의수준 검정은 1개 셀의 기대빈도가 5이하이므로 Fisher의 정확한 유의확률 값을 취하여 분석하였다.

6_ 절자손의 원인과 후손증감

1. 데이터베이스의 개요

조사한 표본으로 선정된 50개 가문에 대하여 기준산소로부터 5대까지의 족보기록을 근거로 하여 작성한 가계도로부터 취한 데이터와 묘지의 현지조사 자료를 종합하여 작성된 데이터베이스 및 묘지지형의 토목측량 조사결과는 [표3-4], [그림3-10] 및 [그림3-11]과 같다.

[표3-4]는 족보로부터 작성한 데이터베이스의 개요이다. 이 표에 의하면 50개 가문의 총개체수는 2,494개체인데 이 중에서 후손을 두지 못한 절자 개체는 302개체로 전체 개체수의 약 12.1%이다. 이를 50개 가문의 가문단위로 환산해 보면, 가문단위 평균 절자율은 14.1%가 되었다. 기준산소로부터 5대에 걸쳐서 개체수가 가장 적은 가문의 후손 개체수는 7명이었고, 가장 많은 가문은 233명으로 약 33배의 차이가 있었다. 각 형제별 절자 상황은 장자가 총 1,046개체 중 129개체, 중자가 총 580개체 중 71개체, 말자가 868개체 중 102

[표3-4] 조사데이터의 개요

구 분	가문수(가문)	출생 개체수(명)						절자 개체수(명)					
		1대	2대	3대	4대	5대	합계	1대	2대	3대	4대	5대	절자계
합 계	50	103	207	368	693	1,123	2,194	12	38	58	83	111	302
19C이전	26	56	106	195	363	624	1,344	7	14	35	55	64	175
19C이후	24	47	101	173	330	499	1,150	5	24	23	28	47	127
경 북	35	76	161	274	479	770	1,760	9	32	48	60	75	224
경 남	3	5	5	7	20	28	65	3	1	1	5	3	13
전 북	5	9	17	39	80	144	289	0	2	4	5	1	12
충 남 북	4	8	16	38′	90	147	299	0	1	5	11	17	34
경 기	3	5	8	10	24	34	81	0	2	0	2	15	19
경북이외	15	27	46	94	214	353	734	3	6	10	23	36	78
완경사계	9	22	42	92	190	331	677	1	5	5	12	26	49
급경사계	10	23	42	45	51	67	228	5	14	7	11	9	46

구 분	→절자 절자계	장자(명)		중자(명)		말자(명)		손자절손가문(가문수)			
		개체	절자	개체	절자	개체	절자	장손	말손	직계장손	직계말손
합 계	302	1,046	129	580	71	868	102	28	32	19	22
19C이전	175	577	32	293	36	474	57	15	17	9	10
19C이후	127	469	47	287	35	394	45	13	15	10	12
경 북	224	739	89	414	52	607	83	20	24	15	17
경 남	13	27	7	13	1	25	5	2	3	1	3
전 북	12	119	4	68	5	102	3	1	2	1	0
충 남 북	34	121	20	75	10	103	4	3	1	2	1
경 기	19	40	9	10	3	31	7	2	2	0	1
경북이외	78	307	40	166	19	261	19	8	8	4	5
완경사계	49	266	20	177	14	234	15	5	6	3	1
급경사계	46	103	18	39	6	86	22	5	10	3	10

개체로 나타났다. 총 절자수 233명에 대한 형제별 점유비율은 장자 42.3%, 중자 23.5%, 말자 33.7%이었다. 절장손을 경험한 가문은 총

	-10m	-9m	-8m	-7m	-6m	-5m	-4m	-3m	-2m	-1m	0m	1m	2m	3m	4m	5m	6m	7m	8m	9m	10m
50-34	-1.7	-1.4	-1.1	-0.8	-0.7	-0.6	-0.5	-0.4	-0.3	-0.1	0	0.1	0.2	0.3	0.4	0.5	0.6	0.7	0.8	0.95	1.1
50-35	-1.4	-1.2	-1.1	-1	-0.9	-0.8	-0.7	-0.6	-0.4	-0.2	0	0.1	0.2	0.4	0.6	0.8	1	1.2	1.3	1.4	1.9
50-37	-0.7	-0.6	-0.5	-0.5	-0.4	-0.3	-0.2	-0.2	-0.1	-0.1	0	0.1	0.2	0.3	0.4	0.5	0.56	0.62	0.68	0.74	0.8
50-38	-0.8	-0.7	-0.7	-0.6	-0.6	-0.5	-0.4	-0.3	-0.2	-0.1	0	0	0.06	0.12	0.18	0.24	0.3	0.8	0.9	1	1.1
50-39	-1.2	-1.2	-1.1	-1.1	-1	-0.5	-0.4	-0.3	-0.2	-0.1	0	0	0	0	0.06	0.12	0.32	0.52	0.72	0.92	1.12
50-36	-0.6	-0.5	-0.4	-0.3	-0.2	-0.1	0	0	0	0	0	0.1	0.1	0.1	0.3	0.5	0.7	1	1.3	1.6	1.9
50-40	-1.5	-1.2	-1	-0.9	-0.8	-0.7	-0.6	-0.3	-0.2	-0.1	0	0.1	0.2	0.3	0.5	0.8	1.1	1.4	1.7	2	2.3
50-32	-1.1	-1	-0.9	-0.8	-0.7	-0.5	-0.4	-0.3	-0.2	-0.1	0	0	0.1	0.2	0.3	0.4	0.6	0.8	1.1	1.4	1.7
50-33	-1.3	-1.1	-0.9	-0.8	-0.7	-0.6	-0.4	-0.3	-0.2	-0.1	0	0.1	0.2	0.3	0.5	0.7	0.9	1.2	1.5	1.8	2.2
평균	[illegible]	-1	-0.9	-0.8	-0.7	-0.5	-0.4	-0.3	-0.2	-0.1	0	0.07	0.14	[illegible]	[illegible]	0.51	0.64	[illegible]	[illegible]	[illegible]	1.54

기준점 상석 측점(m)

50-34 50-35 50-37 50-38 50-39 50-36
50-40 50-32 50-33 평균

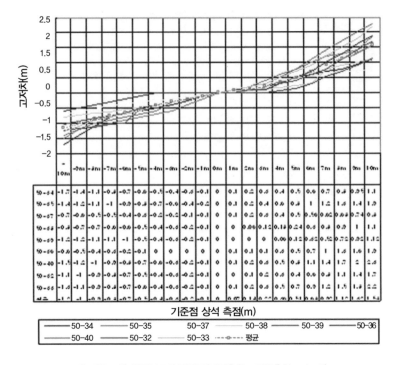

[그림3-10] 완경사묘의 종단도(가로축척 : 세로축척 = 1 : 2)

50가문 중 56%로 나타났고 절말손을 경험한 가문은 64%로 나타났다. 가문의 종손인 직계장손이 절손되는 절직계장손을 경험한 가문은 38%였고, 선대의 조상이 대대(代代)로 끝 자손인 직계말손이 절손되는 절직계말손은 44%로 조사되었다.

[그림3-10]과 뒤쪽 [그림3-11]은 급경사묘로 분류한 10개소와 완경사묘로 분류한 9개소에 대하여 산소봉분 앞 상석을 기점으로 상하로 20m까지 측지하여 상하 10m 범위의 종단 측정치를 도식화한 것이다.

[그림3-11]의 급경사묘 그림에서 굵게 표시된 선은 완경사묘의 평균

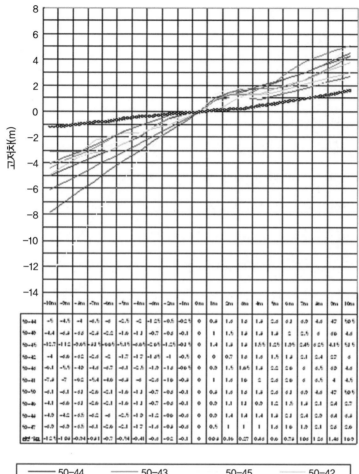

50-44   50-43   50-45   50-42
50-43   50-41   50-50   50-46
50-48   50-47   ⚬⚬⚬⚬⚬⚬⚬ 완경사묘

[그림3-11] 급경사묘의 종단도(가로축척 : 세로축척 = 1 : 1)

값을 나타내어 비교하기 위한 선이다. 그 이외의 것은 표본으로 선정된 각 가문의 급경사묘에 대한 종단도이다. 이 그림에 의하면 급경사묘는 산비탈에서 자연형의 평지가 거의 없는 장소임을 알 수 있다.

완경사묘의 도면을 보면 완경사묘는 산비탈이지만 봉분 앞에 자연형의 평지가 있어서 안정된 장소임을 알 수 있다.

2. 절자손의 원인

(1) 연대적 차이

19세기 전후는 연대적으로 차이가 있지만 실학의 도입과 같은 많은 사회적인 변화로 인하여 전반적인 인식의 변화가 있었다. 경제적인 변화와 인식의 변화와 같은 여러 변화가 후손번성에 어떠한 영향을 미치는지 확인하고자 하였다. 족보에서 추출한 50개 가문에 대하여 기준인물로부터 5대까지의 데이터를 19세기(1840년대) 이전과 이후로 나누어 비교 분석하였다. 50개 가문의 2,494 개체수를 19세기

[표3-5] 연대별 절자수에 대한 가문단위 평균 통계량

집단 구분	통계구분	개체합계 (명)	절자비율 (%)	절장비율 (%)	절중자율 (%)	절말자율 (%)
19세기이전 26가문	평균	52	0.143	0.150	0.139	0.148
	표준편차	46	0.116	0.150	0.207	0.154
	최소값	8	0	0	0	0
	최대값	233	0.375	0.667	0.667	0.667
19세기이전 26가문	평균	48	0.138	0.123	0.159	0.144
	표준편차	45	0.111	0.115	0.231	0.142
	최소값	7	0	0	0	0
	최대값	163	0.429	0.500	1.000	0.400
19세기이전 26가문	평균	50	0.141	0.137	0.149	0.146
	표준편차	45	0.113	0.134	0.217	0.147
	최소값	7	0	0	0	0
	최대값	233	0.429	0.667	1.000	0.667

이전과 이후로 나누어 절자수에 대하여 가문단위와 개체단위로 평균 값을 구하였고, 각각의 절자 상황을 세부적으로 분석하여 표로 나타 내고 그림으로 비교분석하였다.

[표3-5]는 19세기 이전과 이후를 가문단위로 전체개체에 대하여 총 절자율과 형제별 절자율 등을 분석한 기술통계량이다. [표3-5]에 의 하면 19세기 이전은 가문단위 평균 절자율이 14.3%로 나타나고, 19 세기 이후는 13 ~ 8%로 나타났다.

이 표로부터 개체수·절자율·절장자율·절중자율·절말자율의 최소값과 최대값, 그리고 표준편차도 평균과 마찬가지로 연대에 따 른 차이점이나 변화를 발견할 수 없다.

[그림3-12]는 절자 상황을 개체단위로 조사한 것을 그림으로 나타 낸 것이다. 이 그림에 의하면 평균 절자율은 19세기 이전에 13.0%, 19세기 이후에 11.0%로 각각 나타나서 약 2.0%의 차이를 보이고 있

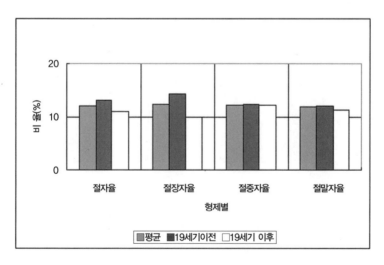

[그림3-12] 연대별 개체단위 절자율 비교 도표

[표3-6] 연대별 손자 절손 비율 조사표

구 분	가문수 (가문)	절장손율 (%)	절말손율 (%)	절직장손율 (%)	절직말손율 (%)
계	50	60.0	60.0	44.0	48.0
19세기이전	26	57.7	65.4	34.6	38.5
19세기이후	24	54.2	62.5	41.7	50.0

다. 이러한 차이는 변화가 없는 것으로 생각해도 문제가 없을 것으로 보인다.

[표3-6]과 [그림3-13]은 손자의 절손상황을 가문단위로 조사한 것이다. 이 표에 의하면 19세기 전과 후의 직계장손과 직계말손은 장손과 말손보다 절손율이 약 10%정도 낮게 나타났다. 이러한 차이는 연대적 요인이 아니라 개체와 개체를 종합한 가문의 성향 차이를 나타내는 것으로 보다 자세한 조사 연구를 필요로 한다.

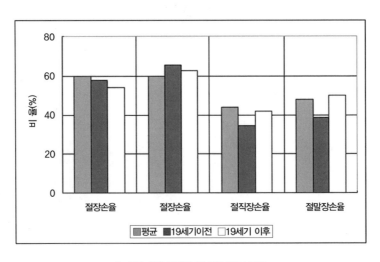

[그림3-13] 연대별 절손율 비교 도표

[표3-5], [표3-6] 및 [그림3-13]에서 평균 개체수 · 절자율 · 절장자율 · 절중자율 · 절말자율과 절장손율 · 절말손율 · 절직계장손율 및 절직계말손율을 가문단위로 비교하고, [그림3-12]와 같이 절자율을 다시 개체단위로도 비교하였다.

이들 표와 그림에 의하면 평균값이나 개별적인 그래프의 형태가 기준점인 19세기 이전과 이후에 데이터의 값이나 비교그림에서 뚜렷한 차이점을 발견할 수 없다.

18세기 중반 실학이 도입되고 상민 약탈금지제도가 생기면서 우리사회가 봉건사회에서 근대사회로의 탈바꿈을 시도[69]하는 등, 경제적 · 정치적 · 사회적 요인들로 인한 시대 환경이 서로 달랐지만, 이와 같은 시대조류가 가문별 또는 개별 출산율을 변화시키거나 절손율을 증감시키는 요인이 되지 않음을 알 수 있다.

(2) 가계와 가문에 따른 차이

후손의 번성이 가계와 가문에 따라 다른 이유를 찾아내기 위하여 표본으로 추출된 50개 가문 중 임의로 원근, 선대 5대, 후대 5대로 하여 5개 가계를 선정하였다. 5개 가계에서 선 · 후대를 종적으로 비교하고, 전체 개체수가 많아 횡적(橫的)인 비교가 가능한 가계에 대하여는 후손의 세부가계별로 횡적(橫的)으로 비교하여 각 가계와 가문의 전통적인 특이요인을 찾아보고, 이로 인한 후손의 번성 관계를 알아보았다.

[표3-7]과 [표3-8]은 후손개체의 번성과 각 가계와 가문과의 일반적인 차이점을 종적으로 분석한 통계자료이다.

[표3-7] 가문별 선·후대 절자율 비교표

표본번호	개체수 (명)	절자율 (%)	절장자율 (%)	절중자율 (%)	절말자율 (%)
50 ~ 16	49	18.0	5.0	45.0	17.0
50 ~ 29	74	8.0	7.0	11.0	8.0
50 ~ 13	61	15.0	18.0	6.0	18.0
50 ~ 46	25	32.0	30.0	29.0	38.0
50 ~ 14	9	0.0	0.0	0.0	0.0
50 ~ 48	33	18.0	17.0	11.0	25.0
50 ~ 2	96	26.0	26.0	33.0	23.0
50 ~ 3	123	5.0	4.0	7.0	5.0
50 ~ 49	32	22.0	17.0	0.0	33.0
50 ~ 40	22	5.0	8.0	0.0	0.0

[표3-8] 가문별 선·후대 절손 빈도 대비표

(단위 : 회)

표본번호	절장손	절말손	절직장손	절직말손
50 ~ 16	0	1	0	0
50 ~ 29	0	1	0	0
50 ~ 13	3	2	1	1
50 ~ 46	0	1	0	1
50 ~ 14	0	0	0	0
50 ~ 48	2	1	1	1
50 ~ 2	6	5	1	0
50 ~ 3	1	1	1	1
50 ~ 49	2	2	0	1
50 ~ 40	0	1	0	1

[표3-7]은 5개 가계에 대한 선대와 후대의 절자율을 조사한 조사표이다. 이 표에 의하면 전반적인 절자 상황을 나타내는 절자율의 증가 현상이 어떤 가문에는 선대에서 많고, 어떤 가문은 후대에서 많기 때문에 선·후대를 비교할 때 발생빈도가 근사치로 계속되는 경우는 발견되지 않는다.

또한 개별적인 절장자율 혹은 절말자율 역시 선·후대에 걸쳐서 어떤 명확한 경향을 보이지 않으며 각각 다른 값을 나타내고 있다.

[표3-8]은 손자의 절손관계를 선·후대로 비교하기 위하여 조사한 데이터이다. 절손의 빈도가 되는 수적(數的)인 의미는 무시하고 단순히 절손사례의 유무관계만의 관계를 비교한 결과, 선대의 사례가 후대에도 있었던 경우는 총 20개 중에서 12개로 60 : 40의 비율로 나타났다. 이런 비율로는 통계적 의미를 부여하기 어려웠다.

절자율·절장자율·절중자율·절말자율의 데이터로 선대와 후대를 종합적으로 비교하여 뒤쪽 [그림3-14]로 나타내었다. 이 그림에서도 어떠한 규칙성이나 경향을 발견하기 어렵다. 따라서 어떤 가문의 유전현상이나 관습 또는 교육에 의한 전승 등 가계 및 가문의 전통적인 특성이 후손의 개체수에 영향을 준다고 판단하기는 어렵다.

[그림3-15]에서부터 [그림3-19]까지는 표본가문의 전통적인 특이요인을 횡적으로 비교하기 위하여 선·후대 중 개체수가 많은 대(代)의 가계도를 그린 것이다. 그림 내에서 2대와 3대의 개체에 붙여진 숫자는 식별 번호이다.

[그림3-15] 표본번호 50-13의 가계도를 보면 장자와 말자는 외동손인 반면 2번 중자는 2명의 아들을, 3번 중자는 5명의 아들을 두었다.

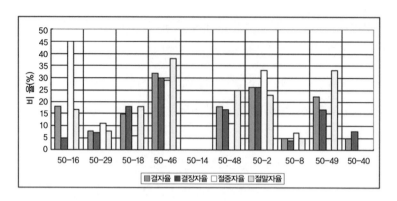

[그림3-14] 가문별 선·후대 형제별 절자율 비교 도표

　[그림3-16] 표본번호 50-3번의 가계도를 보면 기준산소에서 2대째
는 개체수가 8명이었으나, 3대째에는 8명의 후대 개체수가 1명에서
4명까지로 다양하게 나타났다.

　[그림3-17~3-19]의 가계도에 의하면 1대에서 5대까지 내리 1개체로
연결되는 형제가 있는 반면 많은 수가 번성하는 경우도 있다.

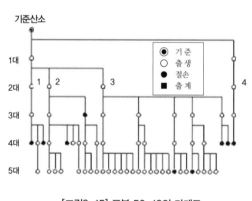

[그림3-15] 표본 50-13의 가계도

[그림3-15]에서부터
[그림3-19]까지의 가계
도에서 한 가문을 기
준으로 가문의 특이성
을 횡적으로도 고찰하
였으나, 어떠한 경향
도 발견되지 않았다.

　표본으로 추출한 5
개 가계의 선대와 후대를 비교하고, 한 가문 내에서 형제별로 비교하
여, 후손 개체수의 번성요인을 종적, 횡적으로 고찰하였으나 후손의

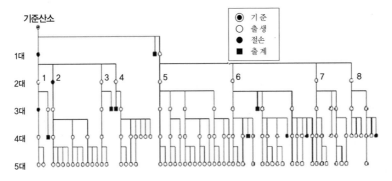

[그림3-16] 표본 50-3의 가계도

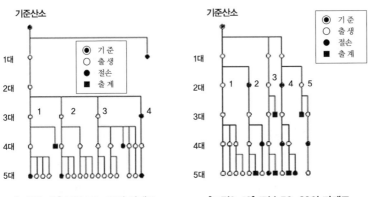

[그림3-17] 표본 50-48의 가계도

[그림3-18] 표본 50-29의 가계도

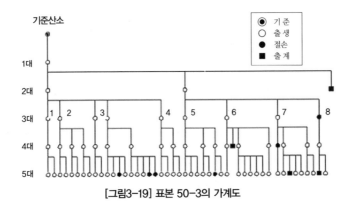

[그림3-19] 표본 50-3의 가계도

번성이 가계 및 가문에 따른 차이라고 할 만한 특이점은 발견되지 않았다.

(3) 지리적 차이

각 가문이 살고 있던 장소의 지리적 원인에서 후손의 번성여부를 파악하고자 하였다. 지역적인 측면에서 경북지역 세거가문 35가문 1,760개체와 경북 이외의 지역 세거가문 15가문 734개체로 구분하고, 경북 이외 지역을 시도별로 구분하였다.

비교 집단은 단순히 경북지역과 경북 이외 지역, 그리고 경북지역과 경남, 전북, 충남·북, 경기지역을 따로 비교하는 방법으로 수행하였다. 절자율은 가문단위와 개체단위로 구분하여 비교분석하였고, 장자·중자·말자 중 형제별로 절자 요인을 알기 위한 절장자율·절중자율·절말자율의 차이점의 비교는 개체별로 하였다. 그리고 절손율은 가문단위로만 분석하였다. 분석결과 특이하게 절자율이 높게 나타나는 경남지역과 경기지역에 대하여는 개별 가계도 분석을 병행하였다.

[표3-9]~[표3-12]와 [그림3-20]~[그림3-23]은 후손들의 번성유무와 지리적 환경과의 관련성을 조사하여 비교하기 위한 데이터들이다.

[표3-9], [표3-10]과 [그림3-20], [그림3-23]에서 경북지역과 이외의 지역에 대한 절자 상태를 살펴보면 평균값이나 개별적인 그래프의 형태가 개체별 평균값이나 가문별 평균값이 비슷한 경향을 나타내고 있음을 볼 수 있다.

개체 기준에서는 경남 지역과 경기도 지역이 타지역에 비해 절자율이 높은 값을 나타냈고, 특히 경남지역은 절장자율이 높고 경기도 지역은 절중자율이 높게 나타났다.

이렇게 분석하는 목적은 후손 개체수의 번성 요인을 찾고자 하는 것이다. [그림3-22]와 [그림3-23]은 경남지역과 경기지역의 절자율이 높게 나타나는 원인을 분석하기 위하여, 경남지역 2가문과 경기지역 2가문의 가계도를 그림으로 표시한 것이다. 두 지역의 평균 절자율

[표3-9] 개체기준 지역별·형제별 평균 절자율

지역별	개체수 (명)	절자율 (%)	절장자율 (%)	절중자율 (%)	절말자율 (%)
합계	2,494	12.0	12.3	12.2	11.8
경북	1,760	13.0	12.0	12.6	13.7
경남	65	20.0	25.9	7.7	20.0
전북	289	4.0	3.4	7.4	2.9
충남북	299	11.0	16.5	13.3	3.9
경기	81	23.0	22.5	30.0	22.6

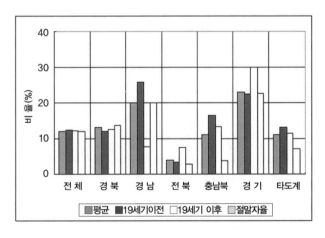

[그림3-20] 개체기준 지역별 평균 절자율

이 타도(他道) 보다 특별히 높게 나타났지만, [그림3-22]와 [그림3-23]에서 보는 것과 같이 같은 지역 내 두 가문의 가계를 비교하여 보면 어떠한 규칙성이 발견되지 않는다.

[표3-11]과 [그림3-24]는 각 지역별 손자에 대한 절손율을 조사한 것이다. 경남지역에서는 장손, 말손, 직계말손의 절자 비율이 100%로 나타났다. 또한 손자에 대한 절손 비율은 경남에 이어 경북, 충청도

[표3-10] 가문기준 지역별 평균 절자율 조사표

지역별	평균개체수 (명)	절자율 (%)	절장자율 (%)	절중자율 (%)	절말자율 (%)
평균	50	14.1	13.7	14.9	14.6
경북	50	14.1	11.7	17.1	16.6
경남	22	31.5	43.9	2.8	25
전북	58	3.6	3.1	3.6	3.8
충남북	75	9.8	16	17.5	1.4
경기	27	19.3	20.7	16.7	16.5

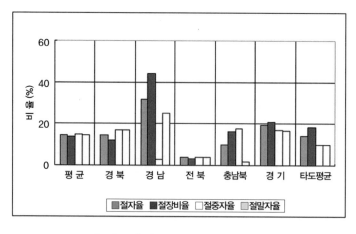

[그림3-21] 가문기준 지역별 평균 절자율

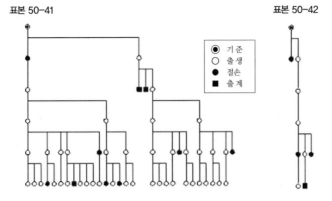

[그림3-22] 경남지역 표본 가계도

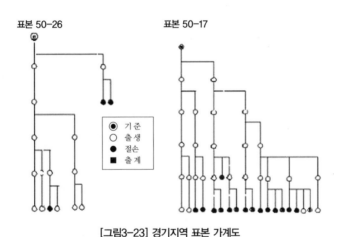

[그림3-23] 경기지역 표본 가계도

지역이 다소 높게 나타나는 경향을 보여주고 있다.

[표3-12]와 그림 [표3-25]는 경북과 경남, 전북, 충북, 경기 등 타 시도의 통합과 비교한 데이터이다. 이 표와 그림에 의하면 경북의 경우 다른 시도의 통합보다 전체 절자율과 절말자율이 높게 나타나고, 타도지역은 절장자율이 다소 높은 것으로 나타났다. 그러나 통계적으로 유의할 만한 값으로 보기는 어려웠다.

[표3-11] 지역별 절손율 조사표

(단위 : %)

지역별	절장손율	절장손율	절장손율	절장손율
평균	60.0	60.0	44.0	48.0
경북	60.0	63.0	48.6	54.3
경남	100.0	100.0	33.3	100.0
전북	20.0	40.0	20.0	0.0
충남북	75.0	25.0	50.0	25.0
경기	66.7	66.7	0.0	33.3
타도평균	53.3	53.3	26.7	33.3

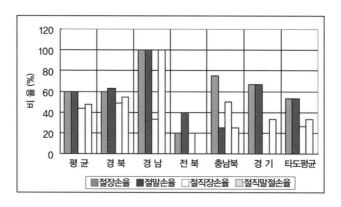

[그림3-24] 지역별 절손율

[표3-12] 경북지역과 타시도 지역 형제별 절자율 조사표

지역별	개체수 (명)	절자율 (%)	절장자율 (%)	절중자율 (%)	절말자율 (%)
평균	2,494	12.0	12.3	12.2	11.8
경북지역	1,760	13.0	12.0	12.6	13.7
타도지역	734	11.0	13.0	11.5	7.3

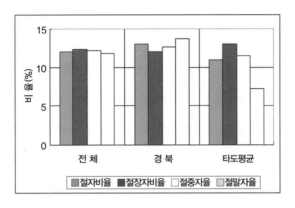

[그림3-25] 경북지역과 타시도 지역의 절자율의 변화

(4) 묘지 지형의 차이

가문의 자손 번성유무에 대한 요인을 찾고자 족보의 기록을 통하여 경제적 · 정치적 · 사회적 원인들로 인한 시대조류가 반영되는 연대적 관점에서 고찰하였다. 또 각 가문의 유전현상이나 관습, 교육수준 등이 전통적으로 반영될 수 있는 각 가계와 가문의 특성적인 관점에서, 그리고 각 시도별 세거지의 지리적인 특성의 관점에서 고찰하였다. 하지만 자손번성의 이유를 설명할 만한 요인을 찾아내지 못하였다.

여기에서는 우리의 전통 관념이었던 선대 산소의 풍수적 요인인 묘지 지형에 따른 차이점과 자손의 번성유무와의 관계를 알아보았다.

풍수적 요인은 일반적인 관념에서보다 객관적이고 명확한 수치적인 개념으로 확정하기 위하여, 변수를 단순화하고 지형의 유형을 대립적인 형태로 양분하여 알아보았다. 후손의 번성 여부와 산소의 지형적인 요인과의 연관성을 도출하기 위해 산소의 지역적인 범위는

한정하지 않았다. 하지만 묘소의 지형이 명확하게 구분되고 후손이
확실한 묘소가 표본으로 선정되었다. 선정된 묘지의 현지를 토목 측
정한 자료와 관련 족보 기록을 토대로 분석하였다.

각 가문마다 개체수의 편차가 심하므로 추세의 흐름을 정확히 파
악하기 위해서 개체단위와 가문단위를 구분하여 비교검토를 하였다.
가문단위의 비교는 각 가문의 개체의 다과에 대한 가중치는 무시하
고 각 가문의 절자율을 단순히 산술평균한 값으로 비교분석한 것이다.

집단별 비교방법은 완경사묘와 급경사묘의 2분법, 완경사묘 · 급
경사묘 · 대조군의 3분법 및 완경사묘 · 급경사묘 · 대조군 · 전체평

[표3-13] 집단별 평균절자율 조사표(개체 · 가문)

지역별	가문수 (가문)	개체수 (명)	절자수 (명)	절자율(%)	
				개체평균	가문평균
전체	50	2,494	302	12.1	14.1
대조군	31	1,589	207	13.0	13.6
완경사묘	9	677	49	7.2	5.2
급경사묘	10	228	46	20.2	23.4

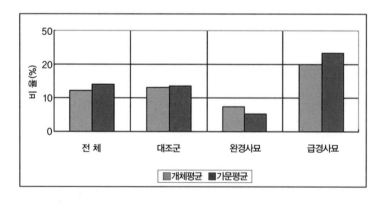

[그림3-26] 집단별 평균절자율(개체 · 가문)

[표3-14] 집단별 형제별 평균절자율 조사표(가문기준)

집단별	가문수 (가문)	절자율 (%)	절장자율 (%)	절중자율 (%)	절말자율 (%)
전제	50	14.1	14.0	15.0	15.0
대조군	31	13.6	13.0	20.0	14.0
완경사묘	9	5.2	6.0	5.0	4.0
급경사묘	10	23.4	24.0	8.0	27.0

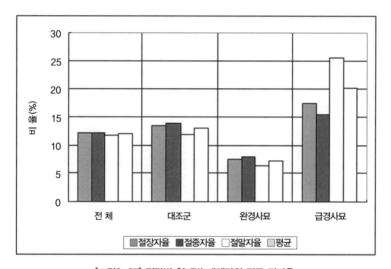

[그림3-27] 집단별 형제별 개체단위 평균 절자율

균의 4분법의 방법으로 비교하였다.

[표3-13], [표3-14], [그림3-26] 및 [그림3-27]은 완경사묘와 급경사묘, 대조군 그리고 전체를 구분하여 후손의 전체 개체에 대한 절자 관계와 장자 · 중자 · 말자를 구분하여 비교한 것이다. 이 표에 의하면 전체적으로 장자 · 중자 · 말자 중 절말자율이 가장 높게 나오는 것으로 조사되었다. 그중에서 급경사지 묘가 가장 심한 것으로 조사되었다. 이러한 특이점은 통계적 의미를 갖기 위해서 다른 각도에서도 분석

[표3-15] 집단별 가문단위 절손 빈도율 조사표

집단별	가문수 (가문)	절장손 (%)	절말손 (%)	절직계장손 (%)	절직계말손 (%)
전체	50	56.0	64.0	38.0	48.0
대조군	31	61.3	54.8	41.9	35.5
완경사묘	9	44.4	55.6	33.3	11.1
급경사묘	10	50.0	100.0	30.0	100.0

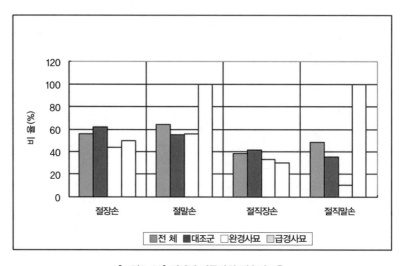

[그림3-28] 집단별 가문단위 절손빈도율

할 필요가 있었다.

　[표3-15]와 [그림3-28]은 손자들의 절손상황을 묘지의 지형별로 비교한 것이다. 이 도표에 의하면 급경사묘 집단의 후손은 절말손율과 절직계말손율이 100%로 나타났고, 대조군은 절장손율, 완경사묘 집단은 절말손율이 다소 높게 나타났다. 이와 같이 묘지의 지형에 따라 후손의 번성 상황이 특이한 점이 발견되므로 통계적 분석이 필요한 것으로 생각된다.

3. 절자손율과 후손의 증감

(1) 절자손율

각 가문마다 다르게 나타나는 후손의 번성에 대한 원인을 찾고자 연대적인 차이, 가계와 가문에 의한 차이, 지리적인 차이, 기준 산소의 묘지 지형에 의한 차이점을 절자·절손 중심으로 분석하였다. 데이터 분석결과 묘지 지형에 의한 차이점이 특이점으로 도출되었다. 여기에서는 후손의 번성에 대한 조사이지만 조사의 능률성을 높이기 위하여 쇠퇴를 번성의 반대개념으로 상정하여 분석하였다. 절자·절손 개념으로 분석한 결과를 출생개념으로 전환하여 번성관계를 계산하여 정리한 것이 뒤쪽에 나열한 [표3-16], [표3-17], [표3-18], [표3-19] 및 [그림3-29]~[그림3-33]에 표시된 통계자료들이다.

[표3-16]은 묘지의 지형별로 후대로 내려 갈수록 절자율이 어떻게 변화되는가를 가문단위로 조사한 조사표이고, [그림3-29]는 이들 평균 절자율을 도식화한 것이다.

[표3-16]과 [그림3-29]에 의하면 급경사묘는 1대에 절자율이 가장 높고 2대에 낮아졌다가 3, 4대까지 다시 높아졌다가 5대에서 감소하

[표3-16] 가문단위 대수에 대한 절자율 변화 조사표

(단위 : %)

집단별	1대	2대	3대	4대	5대
전제	11.0	12.2	15.5	11.3	10.1
대조군	7.3	11.6	17.8	10.6	12.2
완경사묘	2.8	8.0	3.1	5.6	5.5
급경사묘	30.0	18.2	19.5	20.6	8.2

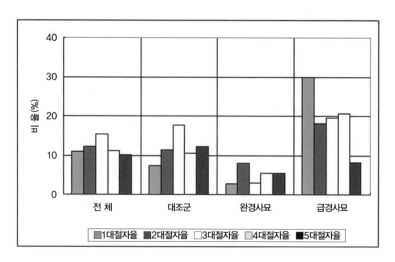

[그림3-29] 가문단위 대수에 대한 평균 절자율 변화

는 현상을 나타내는 것으로 관찰되었다.

　[표3-17]은 집단별로 후손의 개체단위의 절자율을 조사한 결과표이고, [그림3-30]은 이를 비교하기 위한 그림이다.

　[표3-17]과 [그림3-30]에 의하면 급경사묘의 개체단위 절자율은 2대가 가장 높았으며, M자형으로 3대에 낮아졌다가 다시 높아지는 추세를 보이고 있다. 절자율이 높게 나타나는 것은 그 다음 대(代)의 개체수가 감소되는 경우가 많다는 것을 의미한다.

[표3-17] 개체단위 대수에 대한 절자율의 변화 조사표

(단위:%)

집단별	1대	2대	3대	4대	5대
전제	11.7	18.0	15.8	12.0	9.9
대조군	10.3	15.0	19.9	13.3	10.5
완경사묘	4.5	11.9	5.4	6.3	7.9
급경사묘	21.7	33.3	15.6	21.6	13.4

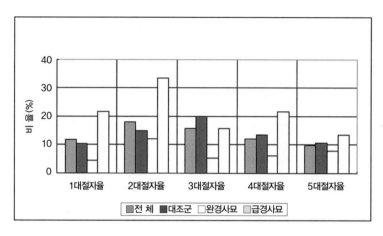

[그림3-30] 개체단위 대수별 평균 절자율의 변화

[표3-18]은 각 비교 집단별로 후손의 번성 여부를 가늠할 수 있는 개체수의 증감빈도를 비율로 표시한 것이고, [그림3-31]은 이들 데이터를 비교하기 위하여 그림으로 나타낸 것이다.

[표3-18]은 한 가문의 1대를 1개의 케이스로 하여 이를 1개의 셀로 상정하고 조사하였다. 조사결과는 [표3-18]와 [그림3-31]에서 보는 바와 같이 급경사묘의 경우는 후손이 선대보다 감소하는 경우가 17.8%, 정체 28.9%, 증가 53.3%로 조사되었다. 반면에 완경사묘의 경우는 개체수가 선대보다 감소하는 경우는 발견할 수 없었고, 증가

[표3-18] 집단별 개체 증감 빈도율 조사표

집단별	케이스 수 (개)	점 유 비 율			계(%)
		감소(%)	증가(%)	정체(%)	
전체평균	244(50)	4.1	75.4	20.5	100
대조군	155(31)	1.3	76.8	21.9	100
완경사묘	45(9)	0.0	93.2	6.8	100
급경사묘	50(10)	17.8	53.3	28.9	100

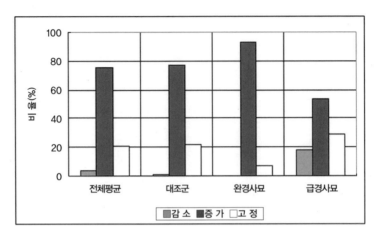

[그림1-31] 집단별 개체수 증감 빈도율 변화

하는 경우가 93.2%, 정체하는 경우는 6.8%에 불과하여 급경사묘 집
단과 많은 차이를 보이고 있음을 알 수 있다.

(2) 자손 번성

[표3-19]는 지금까지 조사한 절자율을 토대로 대수가 지나감에 따
라 개체수가 번성하는 상황을 직전 선대와 대비하여 비율로 나타낸
것이다. [그림3-32]는 이를 비교하기 위하여 그림으로 나타낸 것이다.

[표3-19] 집단별 선대 대비 개체증가율 조사표

(단위 : %)

집단별	1대증가	2대증가	3대증가	4대증가	5대증가
전체평균	(208)	201.8	191.8	194.7	165.3
대조군	(197)	208.0	199.6	191.4	173.7
완경사묘	(244)	215.0	215.2	199.8	198.4
급경사묘	(210)	170.7	146.7	201.7	113.8

* 1대 증가율은 의미가 없으나 비교하기 위함 임.

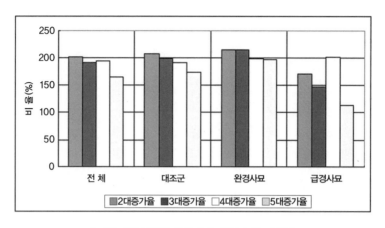

[그림3-32] 집단별 선대 대비 개체 증가율의 변화

이 표와 그림에 의하면 완경사묘는 기준 인물에서 5대가 지나는 동
안 1대보다 2대에 약 2.1배, 3대는 2대보다 약 2.2배, 4대는 3대보다
약 2.0배 등 매 대(代)마다 약 2배씩 개체수가 증가하고 있음을 보여
주고 있다.

반면에 급경사묘는 4대째에서 약 2배 증가하는 것을 제외하고는
매 대(代)마다 두 배 이상 증가하는 경우가 없음을 보여주고 있다. 또
한 절자율이 높은 대(代)의 그 다음 대(代)에는 개체수가 감소하는 경
향을 발견할 수가 있다.

[표3-20]은 집단별로 개체수가 증가하는 경향을 고찰하기 위하여 1
대에서 5대까지 각 집단별로 증가하는 개체수를 각 대(代)마다 [표3-
19]의 증가율을 적용하여 계산한 통계수치다. [그림3-33]은 이를 비교
한 그림이다. 이 계산표와 그림에 의하면 급경사묘·완경사묘·대조
군 모두를 1대의 개체수를 2명으로 가정하였을 때, 약 150년 정도가
지난 5대째의 개체수는 급경사묘가 11.2명인데 반하여 완경사묘는

[표3-20] 집단별 선대 대비 개체증가율 조사표

[표3-20] 집단별 선대 대비 개체증가율 조사표

(단위 : 명)

집단별	집단별	1대증가	2대증가	3대증가	4대증가	5대증가	계
통계치	전체평균	2.0	4.0	7.6	14.4	24.5	52.6
	대조군	2.0	3.9	7.9	15.0	25.4	54.2
	완경사묘	2.0	4.4	9.7	19.4	38.7	74.2
	급경사묘	2.0	3.4	5.1	10.2	11.2	31.9
실사치	전체평균	2.1	4.1	7.4	14.4	24.4	49.9
	대조군	1.9	4.0	7.5	14.6	23.4	51.3
	완경사묘	2.4	4.7	10.2	21.1	41.4	75.2
	급경사묘	2.3	4.2	4.5	6.4	9.6	22.8

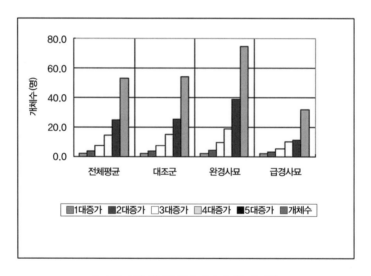

[그림3-33] 집단별 선대 대비 개체수의 변화

약 39명, 대조군과 전체 평균은 약 25명으로 나타나, 완경사묘와 급경사묘는 약 3.5배의 차이를 보였다.

각 집단별 5대 동안의 누적 개체수도 급경사묘는 5대 동안의 후손이 32명에 불과한 반면, 완경사묘는 74명, 대조군은 54명이 되는 것으로 나타나, 누적 개체수에서도 약 2.4배의 차이가 있음을 발견할 수 있었다. 이를 [표3-20]의 하단에 표시된 실제 실사 수치와 비교하여 보아도 큰 차이가 없다. 따라서 이 데이터는 통계적 의미가 있는지의 여부를 알아보기 위한 통계분석이 필요하다.

(3) 후손 번성의 요인

각 가문 단위로 자손의 개체수가 많은 차이가 나는 자연적인 요인을 찾고자 족보의 기록을 통하여 얻어진 데이터베이스와 묘지의 지형 측량결과를 종합하여 연대적인 차이, 가계와 가문의 특성적인 차이, 지리적인 차이와 기준 산소의 지형적인 차이점으로 구분하여 알아보았다. 이 결과로부터 이들 요인과 자손의 번성유무와의 관계를 분석한 내용을 다음과 같이 정리하였다.

(1) 후손의 개체수의 많고 적음, 즉 후손의 번성은 연대적, 가계 및 가문의 특성, 자리적인 요인에서는 찾아보기 어려웠다.

(2) 후손의 번성은 기준이 되는 선대 묘지의 지형과 관계가 있는 것으로 보았다.

(3) 묘지의 지형에 따라 후손의 개체수의 증감현상이 뚜렷한 차이가 있으므로 이에 대한 통계적 분석이 필요하다.

(4) 묘지의 지형별로 후손의 절자 상황을 장자, 중자, 말자로 구분하여 묘지 앞의 지형의 형태와 후손의 절자율과의 관계를 검정하고, 묘지 앞 지형의 형태가 절장손, 절말손, 절직계장손, 절직계말손과도 관계가 있는지에 대해서 통계적 분석이 필요하다.

(5) 위의 (3), (4)항에서 후손의 절손 중심으로 분석한 데이터가 궁극적으로 후손의 번성에 어떻게 나타나는지 종합적인 통계 분석이 필요하다.

(6) 통계 분석결과 귀무가설 '묘지 앞 지형의 형태와 후손의 절자율은 관계가 없다'를 유의수준 5% 이하에서 기각된다면 '묘지 앞의 지형은 후손의 절자율과 관계가 있다'고 할 수 있다.

(7) 손자의 절손유무 및 후손의 번성 여부를 범주형 변수로 코딩 변경하여 교차분석 방법으로 수행하여, 유의확률이 유의수준 0.05보다 낮으면 '묘지 앞 지형의 형태가 후손의 번성과 관계가 있다'가 채택된다. 즉 묘지의 지형의 차이에 의한 풍수적 요인이 후손의 번성과 관계가 있는 것으로 추측할 수 있을 것이다.

7_ 묘지지형과 절자손율의 SPSS 분석

1. 절자율

(1) 총절자율

묘지 지형의 차이에 따른 후손의 번성관계를 통계적으로 확인하고자 한다. 묘지 앞의 사면 경사와 절자율과의 관계를 통계적으로 확인하기 위하여 귀무가설 '묘지 앞 경사에 따라 절자율에 차이가 없다'라는 가설하에 통계분석을 일원배치분산분석법으로 수행하였다. 분석한 결과를 정리하면 [표3-21]~[표3-22] 및 [그림3-34]와 같다.

[표3-21]은 묘지경사에 따른 절자율의 일원배치분산분석을 위하여 집단별 분산의 동질성을 검정한 Levene의 등분산 검정에 대한 결과표이다. 표에서 보는 바와 같이 유의확률이 0.017이다. 유의확률이 유의수준 0.05보다 작기 때문에 귀무가설 '각 집단의 분산은 모두 같다'가 기각된다.

이와 같이 집단의 분산이 정규분포가 되지 못하여 등분산의 가정

[표3-21] 절자율에 대한 Levene의 등분산 분석

Levene 통계량	유의확률(p)
4,460	0.017(1.7%)

[표3-22] 집단별 절자율에 대한 Welch의 일원배치 분산 분석

유의수준 : * p<0.05 ** p<0.01

구 분		개체 수	평 균	표준편차	Welch통계량(F)
절자율	대조군	31	0.136[a]	0.103	11.961**
	완경사	9	0.052[b]	0.050	
	급경사	10	0.233[a]	0.119	
전 체		50	0.141	0.113	

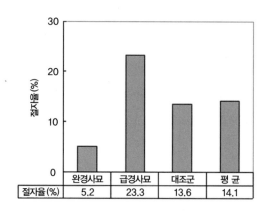

절자율(%)	완경사묘	급경사묘	대조군	평 균
	5.2	23.3	13.6	14.1

[그림3-34] 집단별 절자율 비교 도표

이 만족되지 않으므로, 묘지 앞 경사(전순 부분의 경사)에 따른 절자비
율 평균의 차이가 있는지 Welch의 일원배치분산분석을 실시하였다.

[표3-22] 및 [그림3-34]는 Welch의 일원배치분산분석을 실시한 결
과표와 평균비교그래프이다. [표3-22]에서 보는 바와 같이 Welch의
검정통계량이 11.961이고, 유의확률이 0.001이었다. 그러므로

F=11.961(p<.05)이 되므로 F통계량에 대한 유의확률 값이 유의수준 0.05보다 작기 때문에 귀무가설 '묘지지형의 경사에 따른 절자 비율의 차이가 없다'를 기각할 수 있다. 그러므로 대조군·완경사묘·급경사묘의 집단별 절자율은 통계적으로 차이가 있다고 할 수 있다.

이 표와 그림에 의하면 특히 완경사묘의 절자율은 0.052(약 5%)이고 급경사묘는 0.233(약 23%)으로 상대적으로 많은 차이가 있음을 알 수 있다. 즉 급경사묘는 완경사묘보다 절자율이 높다는 것을 나타내고 있다.

집단별 절자 비율의 차이에 대한 검정이 유의하므로 SPSS통계프로그램이 지원하는 사후검정을 실시하였다. [표3-22]는 사후검정을 통해서 통계적으로 유의한 차이가 없는 집단을 동일 집단군으로 묶은 결과도 보여주고 있다. 여기서는 동일 집단군은 윗첨자 a, b로 나타내었다. 대조군과 급경사묘는 동일 집단 a군에 속하고, 완경사묘는 다른 집단 b군에 속한다. 대조군과 급경사묘의 집단별 절자율은 통계적으로 유의한 차이는 없으나, 완경사묘와 대조군, 완경사묘와 급경사묘는 통계적으로 유의한 차이가 난다.

절자율의 경우는 등분산 가정이 만족되지 않으므로 3가지 방법에 의한 사후검정을 실시한 것을 [표3-23]에 자세히 나타내었다. [표3-23]은 사후검정을 위한 다중비교표이다.

사후검정에 대한 통계적인 해석은 Dunnett T3 방법을 비롯하여 Tamhane, Games-Howell의 두 방법에서도 완경사묘와 급경사묘, 완경사묘와 대조군은 그 값이 유의하나, 급경사묘와 대조군은 유의확률이 0.05보다 크므로 유의하지 않다는 것을 나타내고 있다. 즉,

급경사와 완경사는 절자율에 차이를 나타냄을 의미한다.

[표3-23] 절자율에 대한 사후검정 다중비교표

구 분	집단별 (I)	집단별 (J)	집단별 (I-J)	표준 오차	유의 확률	95% 신뢰구간	
						하한값	상한값
Tamhane	완경사	급경사	−0.181	0.041	0.002	−0.295	−0.068
		대조군	−0.084	0.025	0.006	−0.147	−0.021
	급경사	완경사	0.181	0.041	0.002	0.068	0.295
		대조군	0.097	0.042	0.106	−0.017	0.211
	대조군	완경사	0.084	0.025	0.006	0.021	0.147
		급경사	−0.097	0.042	0.106	−0.211	0.017
Dunnett T3	완경사	급경사	−0.181	0.041	0.002	−0.294	−0.069
		대조군	−0.084	0.025	0.006	−0.147	−0.022
	급경사	완경사	0.181	0.041	0.002	0.069	0.294
		대조군	0.097	0.042	0.102	−0.016	0.211
	대조군	완경사	0.084	0.025	0.006	0.022	0.147
		급경사	−0.097	0.042	0.102	−0.211	0.016
Games-Howell	완경사	급경사	−0.181	0.041	0.002	−0.291	−0.072
		대조군	−0.084	0.025	0.006	−0.145	−0.023
	급경사	완경사	0.181	0.041	0.002	0.072	0.291
		대조군	0.097	0.042	0.087	−0.013	0.207
	대조군	완경사	0.084	0.025	0.006	0.023	0.145
		급경사	−0.097	0.042	0.087	−0.207	0.013

(2) 절장자율

묘지 앞의 사면 경사(전순 부분의 사면경사)와 절장자율과의 관계를 통계적으로 확인하기 위하여 귀무가설 '묘지 앞 경사에 따라 절장자율은 차이가 없다' 라는 가설하에 통계분석을 일원배치분산분석법으로 수행하였다. 통계 분석한 결과 데이터를 [표3-24]~[표3-26] 및 [그림3-35]에 나타내었다.

묘지 경사에 따른 절장자율의 분산의 동질성은 [표3-24]에 나타내었는데 절장자율의 집단 간 분산은 정규분포를 만족하지 못하여 Levene의 등분산 검정에서 유의확률이 0.0으로 나타났다. 이는 유의수준 0.05보다 작기 때문에 귀무가설 '각 집단의 분산은 모두 같다'가 기각된다.

등분산의 가정이 만족되지 않으므로 묘지 경사에 따른 절장자 비율의 평균 차이가 있는지 Welch의 일원배치분산분석법을 실시하였다.

[표3-25]는 Welch의 일원배치분산분석을 실시한 결과표이다. Welch의 검정통계량은 5.976이며, 이때 유의확률 값은 0.011이었다. F=5.976(p<.05)이 되므로 F통계량에 대한 유의확률 값이 유의수준 0.05보다 작기 때문에 귀무가설 '묘지경사에 따른 절장자율의 차이가 없다'를 기각할 수 있다. 그러므로 대조군·완경사묘·급경사묘의 집단별 절장자 비율은 통계적으로 차이가 있다고 할 수 있다.

[표3-24] 절장자율에 대한 Levene의 등분산 분석

Levene 통계량	유의확률(p)
11.396	0.000 (0%)

[표3-25] 집단별 절장자율에 대한 Welch의 일원배치분산분석

유의수준 : * p<0.05 ** p<0.01

구 분		개체 수	평 균	표준편차	Welch통계량(F)
절장자율	대조군	31	0.126^a	0.089	5.976**
	완경사	9	0.055^b	0.057	
	급경사	10	0.244^{ab}	0.220	
전 체		50	0.137	0.134	

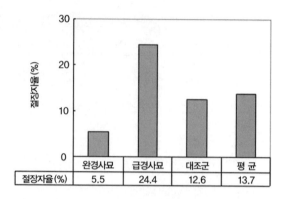

[그림3-35] 집단별 절장자율 비교 도표

	완경사묘	급경사묘	대조군	평 균
절장자율(%)	5.5	24.4	12.6	13.7

[표3-26] 절장자율에 대한 집단별 사후검정 다중비교표

구 분	집단별 (I)	집단별 (J)	집단별 (I-J)	표준 오차	유의 확률	95% 신뢰구간	
						하한값	상한값
Tamhane	완경사	급경사	−0.189	0.072	0.073	−0.394	0.016
		대조군	−0.071	0.025	0.030	−0.136	−0.006
	급경사	완경사	0.189	0.072	0.073	−0.016	0.394
		대조군	0.118	0.071	0.338	−0.086	0.322
	대조군	완경사	0.071	0.025	0.030	0.006	0.136
		급경사	−0.118	0.071	0.338	−0.322	0.086
Dunnett T3	완경사	급경사	−0.189	0.072	0.069	−0.392	0.014
		대조군	−0.071	0.025	0.029	−0.135	−0.006
	급경사	완경사	0.189	0.072	0.069	−0.014	0.392
		대조군	0.118	0.071	0.319	−0.084	0.320
	대조군	완경사	0.071	0.025	0.029	0.006	0.135
		급경사	−0.118	0.071	0.319	−0.320	0.084
Games- Howell	완경사	급경사	−0.189	0.072	0.059	−0.386	0.008
		대조군	−0.071	0.025	0.026	−0.134	−0.008
	급경사	완경사	0.189	0.072	0.059	−0.008	0.386
		대조군	0.118	0.071	0.268	−0.077	0.314
	대조군	완경사	0.071	0.025	0.026	0.008	0.134
		급경사	−0.118	0.071	0.268	−0.314	0.077

이 표와 [그림3-35]에 의하면 특히 완경사묘의 절자비율은 0.055(약 6%)이고 급경사묘는 0.244(약 24%)로 상대적으로 많은 차이가 있음을 보여주고 있다. 즉 급경사묘는 완경사묘보다 절장자 비율이 높다는 것을 나타내고 있다.

그러나 집단별 절자율의 차이에 대한 검정이 유의하므로 SPSS통계프로그램이 지원하는 사후검정을 실시하였다. [표3-25]는 사후검정을 통해서 통계적으로 유의한 차이가 없는 집단을 동일 집단군으로 묶은 결과도 보여주고 있다. 동일 집단군은 이 표에서 윗첨자 a, b로 나타내었다. 대조군과 급경사묘는 동일 집단 a군에 속하고, 완경사묘와 급경사묘가 또한 동일집단 b군에 속한다. [표3-24]에서 보듯이 대조군과 급경사묘의 집단별 절장자 비율과 완경사묘와 급경사묘의 집단별 절자비율은 통계적으로 유의한 차이가 없다. 완경사묘와 대조군은 유의한 차이가 있다.

절장자의 경우는 등분산 가정이 만족되지 않으므로 3가지 방법에 의한 사후검정을 실시한 것을 [표3-26]에 자세히 나타내었다. 표는 사후검정을 위한 다중비교표이다.

사후검정에 대한 통계적인 해석은 Games-Howell, Tamhane과 Dunnett T3 등 3가지 검정법에서 완경사묘와 급경사묘, 급경사묘와 대조군에 유의한 차이가 없다. 그런데 완경사묘와 대조군은 유의한 차이가 있다. 즉 묘지경사에 따른 절장자율은 등분산의 가정이 되지 않는 상태에서 차이는 있지만, [표3-26]에서 보듯이 완경사묘와 급경사묘 및 급경사묘와 대조군은 그 값이 유의하지 않다는 것을 나타내고 있다. 즉 급경사묘와 대조군 및 완경사묘와 급경사묘는 절장자율에서 차이가 있다고 보기 어렵다.

(3) 절중자율

묘지 앞의 사면 경사와 절중자율과의 관계를 확인하기 위하여 귀무가설 '묘지 경사에 따라 절중자율의 차이가 없다' 라는 가설 아래 통계 분석한 데이터를 [표3-27]~[표3-29] 및 [그림3-36]에 나타내었다.

묘지경사에 따른 절중자율의 분산의 동질성에 대한 Levene의 등분산 검정에 대한 결과는 [표3-27]에서 보는 바와 같이 유의확률이 유의수준 0.05보다 적기 때문에 귀무가설 '각 집단의 분산은 모두 같다' 가 기각된다.

등분산의 가정이 만족되지 않으므로 묘지 경사에 따른 절장자율의 평균 차이가 있는지 Welch의 일원배치분산분석을 실시하였다.

[표3-28]은 Welch의 일원배치 분산분석을 실시한 결과표이다. Welch의 검정통계량이 4.350이고 이때 유의확률 값은 0.025이다. 그러므로 F= 4.350(p<.05)이 되므로 F통계량에 대한 유의확률 값이 유의수준 0.05보다 작기 때문에 귀무가설 '묘지경사에 따른 절중자율의 차이가 없다' 를 기각할 수 있다. 그러므로 대조군 · 완경사묘 · 급경사묘의 집단별 절중자 비율은 통계적으로 차이가 있다고 할 수 있다. [표3-28]과 [그림3-36]에 의하면 특히 완경사묘의 절자율은 0.053(약 5%)이고, 급경사묘는 0.081(약 8%)로 큰 차이가 없음을 보여주고 있다.

그러나 집단별 절중자율의 차이에 대한 검정이 유의하므로 SPSS 통계프로그램이 지원하는 사후검정을 실시하였다. [표3-28]은 사후검정을 통해서 통계적으로 유의한 차이가 없는 집단을 동일 집단군으로 묶은 결과도 보여주고 있다. 여기서 동일 집단군은 윗첨자 a, b로 나타내었다. 대조군과 급경사묘는 동일 집단 a군에 속하고, 완경사묘와 급경사묘가 또한 동일집단 b군에 속한다. 표에서 보듯이 대조군과 급경사묘의 집단별 절중자율과, 완경사묘와 급경사묘의 집단별 절중자율은 통계적으로 유의한 차이가 없다. 완경사묘와 대조군은 유의한 차이가 있다.

등분산 가정이 만족되지 않으므로 3가지 방법에 의한 사후검정을 실시한 것을 [표3-29]에 자세히 나타내었다. 이 표는 사후검정을 위한 다중비교표이다.

사후검정에 대한 통계적인 해석은 Games-Howell, Tamhane과 Dunnett T3 등 3가지 검정법에서 완경사묘와 급경사묘, 급경사묘와 대조군에는 유의한 차이가 없다. 그런데 완경사묘와 대조군은 유의한 차이가 있다. 즉 묘지경사에 따른 절중자율은 등분산의 가정이

[표3-27] 절중자율에 대한 Levene의 등분산 분석

Levene 통계량	유의확률(p)
7.090	0.002 (13.8%)

[표3-28] 절중자율에 대한 일원배치분산분석

유의수준 : * p<0.05 ** p<0.01

구 분		개체 수	평 균	표준편차	Welch통계량(F)
절중자율	대조군	31	0.198^a	0.254	4.350**
	완경사	9	0.053^b	0.050	
	급경사	10	0.081^{ab}	0.127	
전 체		50	0.149	0.217	

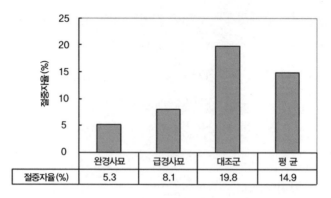

[그림3-36] 집단별 절중자율의 비교 도표

[표3-29] 절중자율에 대한 집단별 사후검정 다중비교표

구 분	집단별 (I)	집단별 (J)	집단별 (I-J)	표준 오차	유의 확률	95% 신뢰구간	
						하한값	상한값
Tamhane	완경사	급경사	−0.028	0.044	0.899	−0.149	0.093
		대조군	−0.145	0.049	0.015	−0.267	−0.023
	급경사	완경사	0.028	0.044	0.899	−0.093	0.149
		대조군	−0.117	0.061	0.178	−0.271	0.036
	대조군	완경사	0.145	0.049	0.015	0.023	0.267
		급경사	0.117	0.061	0.178	−0.036	0.271
Dunnett T3	완경사	급경사	−0.028	0.044	0.889	−0.148	0.092
		대조군	−0.145	0.049	0.015	−0.267	−0.024
	급경사	완경사	0.028	0.044	0.889	−0.092	0.148
		대조군	−0.117	0.061	0.175	−0.270	0.036
	대조군	완경사	0.145	0.049	0.015	0.024	0.267
		급경사	0.117	0.061	0.175	−0.036	0.270
Games− Howell	완경사	급경사	−0.028	0.044	0.802	−0.144	0.088
		대조군	−0.145	0.049	0.014	−0.264	−0.026
	급경사	완경사	0.028	0.044	0.802	−0.088	0.144
		대조군	−0.117	0.061	0.149	−0.267	0.033
	대조군	완경사	0.145	0.049	0.014	0.026	0.264
		급경사	0.117	0.061	0.149	−0.033	0.267

만족되지 않는 상태에서 차이는 있지만, [표3-29]에서 보듯이 완경사
묘와 급경사묘 및 급경사묘와 대조군은 그 값이 유의하지 않다는 것
을 나타내고 있다. 즉 급경사묘와 대조군 및 완경사묘와 급경사묘는
절중자율에서 차이가 있다고 보기 어렵다.

(4) 절말자율

묘지 앞의 사면 경사와 절말자율과의 관계를 확인하기 위하여, 귀
무가설 '묘지 경사에 따른 절말자율의 차이가 없다' 라는 가설 하에
통계 분석한 데이터를 정리한 것이, [표3-30], [표3-31] 및 [그림3-37]
이다.

묘지 경사에 따른 절말자율의 분산의 동질성은 [표3-30]의 Levene
의 등분산 검정에 대한 결과표에서 보는 바와 같이 유의확률이
0.066으로서 유의수준 0.05보다 크기 때문에 귀무가설 '각 집단의
분산은 모두 같다' 가 채택된다.

[표3-30] 절말자율에 대한 Levene의 등분산 분석

Levene 통계량	유의확률(p)
2.874	0.066(6.6%)

[표3-31] 절말자율에 대한 일원배치분산분석

유의수준 : * p⟨0.05 ** p⟨0.01

구 분		개체 수	평 균	표준편차	Welch통계량(F)
절말자율	대조군	31	0.137[a]	0.155	
	완경사	9	0.042[b]	0.068	7.373**
	급경사	10	0.269[ab]	0.070	
전 체		50	0.146	0.146	

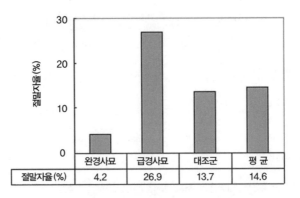

	완경사묘	급경사묘	대조군	평 균
절말자율(%)	4.2	26.9	13.7	14.6

[그림3-37] 집단별 절말자율의 비교 도표

집단의 분산이 정규분포를 따르고 있어 등분산의 가정이 만족되므로 경사에 따른 절말자 비율의 평균 차이가 있는지 일원배치분산분석을 실시하였다.

[표3-31]에서 보는 바와 같이 F통계량이 7.373이고 유의확률이 0.002로서 유의수준 0.05보다 작기 때문에 F=7.373(p<.01)이 되므로, 귀무가설 '묘지 경사에 따른 절말자율의 차이가 없다' 를 기각할 수 있다.

그러므로 완경사묘 · 급경사묘 · 대조군의 집단별 절말자율은 통계적으로 차이가 있다고 할 수 있다.

집단별 절말자율의 차이에 대한 검정이 유의하므로 사후검정을 실시하였다. [표3-31]은 통계적으로 유의한 차이가 없는 집단을 윗첨자 a, b로 표시하여 동일 집단군으로 묶은 결과도 보여주고 있다.

[표3-31]에 의하면 완경사와 대조군은 동일 집단군이고, 급경사의 경우는 완경사와 대조군과는 다른 집단에 속하는 것을 알 수 있다. 즉 대조군과 완경사묘 집단의 절말자율은 통계적으로 유의한 차이가

없으나 급경사묘와 대조군, 급경사묘와 완경사묘는 통계적으로 유의한 차이가 난다.

[표3-31], [그림3-37]에 의하면 완경사묘 집단은 절말자율이 약 4%이고 급경사묘의 절말자율은 약 27%이다. 대체적으로 절자, 절장자, 절말자의 비율은 완경사묘 집단보다 급경사 집단이 상대적으로 높은 비율을 나타내고 있다.

즉 급경사묘의 경우 절말자율이 가장 많은 차이가 나므로 결국은 급경사묘는 절말자율에 큰 영향을 주는 것을 알 수 있다.

2. 절손율

절손율은 앞에서 기술한 바와 같이 한 가문에서 1회 이상의 절(직)장(말)손을 경험한 경우에 대한 백분율이므로, 개개인 개체에 대한 백분율인 절자율과는 의미가 다소 다를 수 있다.

(1) 절장손율

묘지 앞의 사면 경사와 절장손율과의 관계를 확인하기 위하여 귀무가설 '묘지 경사에 따른 절장손 비율의 차이가 없다' 라는 가설하에 통계 분석한 데이터를 정리한 것이 [표3-32], [표3-33]의 데이터이다.

[표3-32]에서 보는 바와 같이 완경사묘는 비절손인 경우가 5개 가문(55.6%), 절손된 경우가 4개 가문(44.4%)이며. 급경사묘는 비절손인 경우가 5개 가문(50.0%), 절손된 경우도 5개 가문(50.0%)으로 나타났다. 그리고 대조군은 장손이 비절손된 경우가 12개 가문(38.7%)이고 절손된 경우는 19개 가문(61.3%)이다.

[표3-32] 집단별 절장손율 교차표

구 분		비절손	절 손	계	자유도(df)	카이제곱x^2
집단별	대조군	12(38.7)	19(61.3)	31(100.0)	2	1.818
	완경사	5(55.6)4	(44.4)	9(100.0)		
	급경사	6(60.0)	4(40.0)	10(100.0)		
전 체		23(54.0)	23(46.0)	50(100.0)		

[표3-33] 절장손율에 대한 카이제곱(x^2) 검정표

구 분	값	자유도(df)	정확한 유의확률
Pearson 카이제곱	1.783(a)	2	0.437
Fisher의 정확한 검정	1.818		0.437
유효 케이스 수	50		

*a 2셀(33.3%)은 5보다 작은 기대빈도를 가짐, 최소 기대빈도는 4.14임.

이 교차분석의 카이제곱(x^2) 검정은 1개 셀에 기대빈도가 5 이하이므로 Fisher의 정확한 검정의 유의확률 값을 취한다. [표3-33]은 카이제곱(x^2) 검정 결과를 나타내는 표이다. 이 표에서 Fisher의 정확한 검정의 유의확률 값 0.437은 유의수준 0.05보다 크므로 귀무가설 '묘지 경사에 따른 장손의 절손율은 차이가 없다'를 기각할 수 없다. 즉 묘지 앞의 경사에 따른 절장손율은 차이가 있다고 할 수 없다.

(2) 절말손율

묘지 앞의 사면 경사와 절말손율과의 관계를 확인하기 위하여, 귀무가설 '묘지 경사에 따른 절말손율은 차이가 없다'라는 가설하에 통계 분석한 결과를 [표3-34]와 [표3-35]에 나타내었다.

[표1-34]에서 보는 바와 같이 완경사묘는 비절손인 경우가 4개 가

문(44.4%)이고, 절손된 경우는 5개 가문(55.6%)이다. 반면에 급경사 묘는 비절손인 경우는 없으며, 절손된 경우가 10개 가문(100.0%)으로 모두가 절손되는 특이한 현상을 나타내었다.

이 교차분석의 카이제곱(x^2) 검정은 1개 셀에 기대빈도가 5 이하이므로 Fisher의 정확한 검정 값을 취한다. [표3-35]는 여러 방법의 카이제곱(x^2) 검정 결과를 나타내는 표다. 이 표에서 Fisher의 정확한 검정의 유의확률 값 0.019는 유의수준 0.05보다 작기 때문에 귀무가설 '묘지 경사의 완급에 따른 절말손율은 차이가 없다'를 기각한다. 즉 묘지 앞 지형에 따라 절말손율에 차이가 있다고 할 수 있다.

이 교차분석에서 대조군과 완경사묘의 경우는 절손율이 크게 차이를 보이지 않지만 급경사묘인 경우의 절손율은 100%이다. 이는 묘지 앞 지형의 경사의 완급에 따른 절장손율의 결과와는 차이가 있다.

[표3-34] 집단별 절장손율 교차표

유의수준 : * p<.05 ** p<.01

구 분		비절손	절 손	계	자유도(df)	카이제곱x^2
집단별	대조군	14(45.2)	17(54.8)	31(100.0)	2	7.823*
	완경사	4(44.4)	5(55.6)	9(100.0)		
	급경사	·	10(100.0)	10(100.0)		
전 체	·	18(36.0)	32(64.0)	50(100.0)		

[표3-35] 절말손율에 대한 카이제곱(x^2) 검정표

구 분	값	자유도(df)	정확한 유의확률
Pearson 카이제곱	7.033(a)	2	0.028
Fisher의 정확한 검정	7.823		0.019
유효 케이스 수	50		

*a 2셀 (33.3%)이 5보다 작은 기대빈도를 가짐, 최소 기대빈도는 3.24임.

결론적으로 묘지 앞 지형의 경사와 말손, 절손은 통계적으로 차이가 있다고 할 수 있다.

(3) 절직계 장손율

묘지 앞의 사면 경사와 절장손율과의 관계를 확인하기 위하여 귀무가설 '묘지 경사에 따른 절직장손율의 차이가 없다' 라는 가설 하에 통계 분석한 결과를 [표3-36]과 [표3-37]에 나타내었다.

[표3-36]에서 보는 바와 같이 완경사묘는 비절손인 경우가 6개 가문(66.7%), 절손된 경우가 3개 가문(33.3%)이며. 급경사묘는 비절손인 경우가 7개 가문(70.0%), 절손된 경우가 3개 가문(30.0%)으로 나타났다. 그리고 대조군은 직계장손이 비절손된 경우는 18개 가문(58.1%)이고 절손된 경우는 13개 가문(41.9%)으로 나타났다.

[표3-36] 집단별 절직계장손율 교차표

유의수준 : * p<.05 ** p<.01

구 분		비절손	절 손	계	자유도(df)	카이제곱 x^2
집단별	대조군	18(58.1)	13(41.9)	31(100.0)	2	0.559
	완경사	6(66.7)	3(33.3)	9(100.0)		
	급경사	6(66.7)	3(33.3)	9(100.0)		
전 체		31(62.0)	19(38.0)	50(100.0)		

[표3-37] 절직계장손율에 대한 카이제곱(x^2) 검정표

구 분	값	자유도(df)	정확한 유의확률
Pearson 카이제곱	0.559(a)	2	0.774
Fisher의 정확한 검정	0.559	0.774	
유효 케이스 수	50		

*a 2셀(33.3%)은 5보다 작은 기대 빈도를 가짐, 최소 기대 빈도는 3.42임.

이 교차분석의 카이제곱(x^2) 검정은 1개 셀의 기대빈도가 5 이하이므로 Fisher의 정확한 검정 값을 취하였다.

[표3-37]은 여러 방법의 카이제곱(x^2) 검정 결과표이다. 이 표에서 Fisher의 정확한 검정을 통한 유의확률 값 0.774는 유의수준 0.05보다 크기 때문에 귀무가설 '묘지경사(완경사, 급경, 대조군)의 완급에 따른 절직계장손율은 차이가 없다'를 기각할 수 없다. 즉 묘지 앞 지형의 경사에 따라 절직계장손율에 차이가 있다고 할 수 없다.

(4) 절직계 말손율

묘지 앞의 사면 경사와 절직계말손율과의 관계를 확인하기 위하여, 귀무가설 '묘지 경사에 따른 절직계말손율의 차이가 없다'라는 가설하에 통계 분석하였다.

[표3-38]에서 보는 바와 같이 완경사묘는 비절손인 경우가 8개(88.9%) 가문, 절손된 경우가 1개(11.1%) 가문이며. 급경사묘는 비절손인 경우는 없고 절손된 경우가 10개(100.0%) 가문으로 모두가 절손되는 특이한 결과를 보인다. 그리고 대조군은 직계말손이 비절손된 경우는 20개(64.5%) 가문이고 절손된 경우는 11개(35.5%) 가문이다.

이 교차분석의 카이제곱(x^2) 검정은 1개 셀에 기대빈도가 5이하이므로 Fisher의 정확한 검정 값을 취하였다.

[표3-39]는 여러 방법의 카이제곱(x^2) 검정 결과표이다. 이 표에서 Fisher의 정확한 검정의 유의확률 값 0.00은 유의수준 0.05보다 작으므로 귀무가설 '묘지 경사(완경사, 급경사, 대조군)에 따른 절직계말손율은 차이가 없다'를 기각한다. 즉 묘지 경사에 따라 직계말손의 절

손율에 차이가 있다고 할 수 있다. 대조군과 완경사묘와 급경사묘를 비교하면 절직계말손율이 각각 약 36%, 약 11%, 100%로 크게 차이가 난다. 특히 급경사묘의 경우에는 모두가 직계말손의 경험이 있는 반면 완경사인 경우에는 절손되지 않는 경우가 더 많다는 것이 주목할 만하다. 즉 급경사묘 가문의 경우 모두 직계말손이 절손될 수 있다고 할 수 있다.

[표3-38] 집단별 절직계말손율 교차표

유의수준 : * p<.05 ** p<.01

구 분		비절손	절 손	계	자유도(df)	카이제곱(x^2)
집단별	대조군	20(64.5)	11(35.5)	31(100.0)	2	0.559
	완경사	8(88.9)	1(11.1)	9(100.0)		
	급경사	·	10(100.0)	10(100.0)		
전 체		25(50.0)	25(50.0)	50(100.0)		

[표3-39] 절직계말손율에 대한 카이제곱(x^2) 검정표

구 분	값	자유도(df)	정확한 유의확률
Pearson 카이제곱	17.591(a)	2	0
Fisher의 정확한 검정	18.435		
유효 케이스 수	50		

*a 3셀(50.0%)은 5보다 작은 기대 빈도를 가짐. 최소 기대 빈도는 3.96임.

3. 묘지 앞 비탈과 후손 수의 변화

이상의 결과들을 종합하면 묘소 앞의 경사율이 절자율과 절손율에 영향을 미친다는 것을 알 수 있다. 절자율과 절손율이 완경사묘에 비해서 급경사묘에서 높게 나타났다는 것은 급경사묘의 후손 개체수가 완경사묘소의 후손 개체수에 비해 감소할 것이라는 것을 시사한다.

그래서 두 종류의 집단에 대해서 후손 개체수의 증감을 평균 절자율로부터 계산하였는데 이를 상술하면 다음과 같다.

[표3-40], [표3-41] 및 [그림3-38]은 귀무가설 '묘지경사에 따라 후손 번성에 차이가 없다'라는 가설하에 교차 분석한 결과이다. 각 가문을 1대마다 증가하는 경우와 증가하지 않는 경우로 이분(二分)하여 1대에서 5대까지의 후손증감 상황을 분석하였다. 카이제곱(x^2) 검정은 1개 셀의 기대빈도가 5이하이므로 Fisher의 정확한 검정으로 행하였다.

[표3-40]에서 기준묘소로부터 4대와 5대가 3대보다 표본수가 각각 2개와 3개가 적은 것은, 표본으로 추출된 가문의 후손이 아직 4대, 5대가 실현되지 않은 가문이 4대에서 2가문, 5대에서 3가문이 있기 때문이다.

기준묘소로부터 1대의 개체 증가수는 기준묘소와 관계가 없으므로 검정할 필요가 없다.

2대째는 [표3-40]에서 보는 바와 같이 1대에 비하여 개체수가 증가하지 않는 경우가 완경사묘는 9개 가문 중 1개(약 11%) 가문, 급경사묘는 10개 가문 중 5개(약 50%) 가문으로 나타났다. 완경사묘보다 급경사묘가 수치적으로는 약 5배의 차이가 있다. 그러나 카이제곱(x^2) 검정 결과 유의확률이 유의수준보다 크므로 기준묘소로부터 2대까지는 '묘지경사에 따라 후손번성에 차이가 없다'를 기각할 수 없다. 즉 기준묘소로부터 2대까지는 기준묘소의 묘지 앞 경사에 따라 후손의 번성에 차이가 있다고 할 수 없다.

3대째는 2대에 비하여 개체수가 증가하지 않는 경우가 완경사묘의 경우는 1개의 가문도 나타나지 않았고, 급경사묘는 10개 가문 중 6개(약 60%) 가문의 후손이 증가하지 않았다. 카이제곱(x^2) 검정 결과 유의확률이 유의수준보다 적으므로 기준묘소로부터 3대째는 '묘지 경사에 따라 후손번성에 차이가 없다'를 기각한다. 즉 기준묘소로부터 3대째는 기준묘소의 묘지 앞 경사에 따라 후손의 번성에 차이가 있다고 할 수 있다.

4대째는 3대에 비하여 개체수가 증가하지 않는 경우가 완경사묘는 1개 가문도 나타나지 않았으나 급경사묘는 8개 가문 중 3개 가문(약 38%)의 후손이 증가하지 않았다. 4대째는 완경사묘와 급경사묘가 수치적으로는 많은 차이를 보였으나, 카이제곱(x^2) 검정 결과 유의확률이 유의수준보다 크므로 기준묘소로부터 4대째는 '묘지경사에 따라 후손번성에 차이가 없다'를 기각할 수 없다. 즉 기준묘소로부터 4대째는 기준묘소의 묘지 앞 경사에 따라 후손의 번성에 차이가 있다고 할 수 없다.

5대째는 4대에 비하여 개체수가 증가하지 않는 경우가 완경사묘는 1개의 가문도 나타나지 않았으나, 급경사묘는 7개 가문 중 3개 가문(약 43%)의 후손이 증가하지 않았다. 카이제곱(x^2) 검정 결과 유의확률이 유의수준보다 적으므로 기준묘소로부터 5대째는 '묘지 경사에 따라 후손번성에 차이가 없다'를 기각한다. 즉 기준묘소로부터 5대째는 기준묘소의 묘지 앞 경사에 따라 후손의 번성에 차이가 있다고 할 수 있다.

결과적으로 [표3-40]에서 보는 바와 같이 기준산소로부터 2대째와 4대째는 '묘지 앞 경사와 후손의 번성이 통계적으로는 차이가 없다'

[표3-40] 집단별 후손번성에 대한 교차분석 및 카이제곱(x^2) 검정표

구 분	집단별	증가	비증가	계	자유도(df)	Fisher의 정확한 검증	
						카이제곱(x^2)	유의확율
1대	완경사묘	6	3	9	2	2.018	0.35
	급경사묘	6	4	10			
	대조군	17	14	31			
	전체	29	21	50			
2대	완경사묘	8	1	9	2	3.217	0.186
	급경사묘	5	5	10			
	대 조 군	22	9	31			
	전체	35	15	50			
3대	완경사묘	9	0	9	2	9.037	0.01
	급경사묘	4	6	10			
	대조군	24	7	31			
	전체	37	13	50			
4대	완경사묘	9	0	9	2	2.219	0.29
	급경사묘	6	2	8			
	대조군	28	3	31			
	전체	43	5	48			
5대	완경사묘	8	0	8	2	7.510	0.015
	급경사묘	3	4	7			
	대조군	27	4	31			
	전체	38	8	46			

[표3-41] 개체증가율 대비표

구 분	계	증가	비증가
전체(구성비)	244케이스(100.0%)	184케이스(75.4%)	60케이스(24.6%)
대조군(구성비)	155케이스(100.0%)	119케이스(76.8%)	36케이스(23.2%)
완경사묘(구성비)	44케이스(100.0%)	41케이스(93.2%)	3케이스(6.8%)
급경사묘(구성비)	45케이스(100.0%)	24케이스(53.3%)	21케이스(46.7%)

*1개 케이스는 각 가문 1대를 표시 함.
(1개 가문이 5대이므로 1가문당 5케이스가 됨.)

라고 할 수 있고, 3대째와 5대째는 '묘지 앞 경사와 후손의 번성이 통계적으로 차이가 있다' 라고 할 수 있다.

[그림3-38]과 [표3-41]에 의하면 급경사묘는 전체가문이 5대 동안에 45번의 후손 번성기회에서 약 47%인 21번에 걸쳐 후손을 증가시키지 못한 반면, 완경사묘는 같은 기간 중 44번의 기회에서 단 3번만

대 조 군				
50-1	1	1	2	2	1
50-2	1	1	1	1	1
50-3	1	1	1	1	1
50-4	2	1	2	1	1
50-5	2	1	1	1	1
50-6	2	2	2	1	1
50-7	2	1	1	1	1
50-8	1	1	1	1	1
50-9	1	2	1	2	1
50-10	1	1	1	1	1
50-11	1	1	1	1	1
50-12	2	1	1	1	2
50-13	1	1	1	1	1
50-14	2	2	1	2	1
50-15	2	1	1	1	1
50-16	1	1	1	1	2
50-17	1	1	1	1	1
50-18	1	1	1	1	1
50-19	1	2	1	1	1
50-20	2	1	1	2	1
50-21	2	1	1	1	1
50-22	2	2	1	1	1
50-23	2	2	1	1	1
50-24	1	1	2	1	1
50-25	1	2	1	1	1
50-26	1	1	2	1	1
50-27	2	2	2	1	2
50-28	1	1	1	1	2
50-29	2	1	1	1	1
50-30	1	1	1	1	1
50-31	2	2	1	1	1

완 경 사 묘				
50-32	1	1	1	1	
50-33	1	1	1	1	1
50-34	1	1	1	1	1
50-35	1	1	1	1	1
50-36	1	1	1	1	1
50-37	2	1	1	1	1
50-38	1	2	1	1	1
50-39	2	1	1	1	1
50-40	2	1	1	1	1

급 경 사 묘				
50-41	1	2	1	1	1
50-42	1	2	2	1	2
50-43	2	1	2	2	
50-44	2	1	2	1	2
50-45	1	1	2		
50-46	1	1	2		
50-47	1	2	1	1	2
50-48	1	2	1	1	1
50-49	1	1	2	1	1
50-50	1	2	1	2	2

범 례	증 가	비 증 가	결 측
	1	2	

[그림3-38] 개체 증감 상황 빈도

후손을 증가시키지 못하고, 93%인 41번에 걸쳐 후손을 증가시킨 것으로 나타났다. 대조군과 전체 평균이 후손을 번성시키지 못한 비율이 각각 23%와 24%로 비슷하게 나타났음을 감안할 때 급경사묘는 완경사묘보다 후손번성을 시키지 못함을 알 수 있다.

결론적으로 선대 묘지가 있는 산비탈의 종단경사가 후손 개체수 증식에 영향을 미친다는 것을 확인할 수 있다.

여기에서 설정한 급경사묘와 완경사묘는 부부 양위가 모두 급경사묘 또는 완경사묘에 해당하므로, 부부가 서로 다른 상태인 '급경사묘 + 완경사묘'에 대한 연구가 이루어져야만 보다 명확한 결론을 도출할 수 있을 것이다. 묘지 평판 앞의 경사도를 급경사(종단경사 40%이상)와 완경사(종단경사 20%이하)로 양분(兩分)하여 알아보았으나 이를 좀 더 세분하여 조사할 필요가 있다. 또 봉분 앞 평탄지의 길이 및 묘지 평판의 좌우 기울기에 따른 변화에 대해서도 더욱 세밀한 조사 연구가 요구된다.

8_ 결론

개체수의 번성을 통계적으로 밝히다

본 연구에서는 가문마다 결혼한 성인 남자의 개체번성에 다른 이유를 규명하고자, 개체번성에 미치는 요인들로 ❶ 연대적인 차이 ❷ 거주지의 지리적 차이 ❸ 가계와 가문의 차이 ❹ 풍수적 관점에서 묘지지형의 차이로 설정하고, 족보기록으로부터 취한 데이터와 기준묘지에 대한 조사 자료를 데이터베이스로 분석하였다. 그리하여 사회과학통계프로그램인 SPSS(Version 12.0)에 의한 통계분석으로 유의성을 결정하여 통계적인 방법으로 결론을 도출하였다.

경북과 경남, 충남·북, 전북 그리고 경기도 지방에서 표본으로 선택한 50개 가문을 연구 대상으로 하였다. 각 가문의 족보로부터 기준인물에서 아래로 5대의 결혼한 성인남자 2,494 개체에 대한 출생과 절자 관계를 조사하고, 기준묘지에 대한 데이터는 현지조사와 토목측량 및 형태조사를 통하여 수집한 자료로 데이터베이스를 구축하였다.

[1]

시대적인 요인을 밝히고자 기준 인물이 19세기 이전에 태어난26
개 가문과 19세기 이후에 태어난 24개 가문에 대한 5대 동안의 후손
개체수의 증감을 조사 · 비교하였으나, 특별한 유의성을 발견할 수
없었다.

[2]

경북지역 35개 가문과 타도(경남 · 전북 · 충남북 · 경기) 15개 가문에
대한 5대 동안의 후손 개체수의 증감을 조사 · 비교하였으나, 특별한
유의성을 발견할 수 없었다.

[3]

모집단 50개 가문 중 5개 가문을 임의로 선택하여 기준 인물로부
터 위로 5대와 아래로 5대에 걸쳐 자손들의 출생과 절자에 관한 사
항을 분석한 결과, 절자 · 절손 · 개체증가율에서 상하 5대 간의 연관
성을 찾을 수 없었다.

[4]

모집단 50개 가문 중 19개 가문의 기준인물 부부에 대한 묘지(기준
묘소)의 종단지형을 조사하고, 그 인물로부터 5대까지의 후손에 대한
출생 · 절자 · 절손 관계를 조사하였다. 기준이 되는 묘소의 종단 지
형이 묘지봉분 앞의 평탄지의 종단길이가 3m 이상이고 그 앞의 사
면경사가 20% 이하인 묘소를 완경사묘라 하고, 봉분 앞 평탄지의 종
단길이가 2m 이하이고 그 앞의 사면구배가 40% 이상인 묘소를 급
경사묘로 하여 이분(二分)하였다. 그 결과 완경사묘 9개소, 급경사묘
10개소로 각각 나타났으며, 묘지를 확인하지 않은 31개 가문을 대조

군으로 설정하였다. 세 집단(완경사묘, 급경사묘, 대조군)의 후손번성에 관한 데이터를 사회과학통계프로그램(SPSS, Version 12.0)으로 분석하여 도출한 5% 이하의 유의성을 가지는 결론은 다음과 같이 크게 세 부분으로 정리한다.

[1]

- 급경사묘는 완경사묘에 비하여 절자율 · 절말자율 · 절말손율 · 절직말손율이 높아진다고 할 수 있다.
- 평균 절자율은 완경사묘 5.2%, 급경사묘 23.3%로 나타나 급경사묘가 완경사묘보다 약 4.5배 높았다.
- 평균 절말자율도 완경사묘 4.2%, 급경사묘는 26.9%로 나타나 급경사묘가 완경사묘보다 약 6.4배 높았다.
- 절말손을 경험한 가문은 완경사묘 55.6%, 급경사묘 100%로 나타났다.
- 절직계말손을 경험한 가문은 완경사묘 11.1%, 급경사묘 100%로 각각 나타나, 급경사묘 가문은 5대 이내에 반드시 직계말손이 절손된다고 할 수 있다.

[2]

- '묘지가 있는 사면의 경사는 절장자율, 절중자율, 절장손율, 절직계장손율에 영향을 주지 않는다' 라고 할 수 있다.

[3]

- '급경사묘 가문은 완경사묘 가문보다 후손 개체수의 증가율이 낮다' 라고 할 수 있다.

- 개체수의 번성을 통계적으로 계산한 결과 기준 묘소로부터 5 대까지의 개체수는 완경사묘가 평균 약 74명, 급경사묘는 평균 약 32명으로 나타났다.

●● 참고문헌

1) 통계청(2006), 통계청 KOSIS정보시스템.

2) 『브리테니커대 백과사전』(2005), 웅진.

3) 족보

　　참의공파종친회(1988), 『경주이씨참위공파보』, 전출판사.

　　경주최중앙종친회(2006), 『경주최씨중앙종친회대동보』, 창문사.

　　김해김씨종친회(1992), 『김해김씨대동세보』, 문일사.

　　청정공파종회(1985), 『달성배씨청정공파보』, 부성출판사.

　　참의공파종회(1993), 『밀양박씨참의공파세보』, 신천족보사.

　　청제공파대종회(1985), 『밀양박씨청제공파세보』, 회상사.

　　해백공파종친회(1997), 『밀양박씨해백공파세보』, 창운사.

　　상주박씨종친회(1984), 『상주박씨세보』, 회상사.

　　검교공파종친회(1999), 『안동권씨검교공파보』, 대보사.

　　안동권씨대종회(1982), 『안동권씨세보』, 회상사.

　　안동김씨종친회(1984), 『안동김씨대동보』, 회상사.

　　여강이씨대종회(1984), 『여강이씨대동보』, 농경출판사.

　　포은공파대종회(1981), 『영일정씨포은공파세보』, 회상사.

　　진주강씨대종회(1986), 『진주강씨대동세보』, 회상사.

　　탐진최씨대종회(1988), 『탐진최씨대종세보』, 회상사.

　　화순최씨대종회(1984), 『화순최씨대동세보』, 회상사.

4) 한국지리연구회(2003), 『자연환경과 인간』, 한올.

5) 유홍열 감수(1978), 『한국사대사전』, 한영출판사.

6) 한국사전편찬회(1984), 『대국어사전』, 현문사.

7) 김두규 역(2000), 『조선풍수학인의 생애와 논쟁』, 궁리.

8) 최길성 역(1995), 村山智順 저, 『조선의 풍수』, 민음사.

9) 이몽일(1990), 『한국 풍수지리사의 변천과정』, 경북대학교지리학과, 박사학위논문.

10) 박시익(1999), 『한국의 풍수지리와 건축』, 일빛.

11) 김동규 역(1999), 『서선계 서선술저, 인자수지』, 명문당.

12) 최창조 역주(2001), 『청오경 · 금낭경』, 민음사.

13) 이응희(1984), 『풍수문헌목록집』, 형설출판사.

14) 이석정(2006), 『공학박사의 음택 풍수기행』, 영남대학교 출판부.

15) 신정일(2006), 『다시 쓰는 택리지』, 청아문화사.

16) 이익성 역(1994), 이중환 저, 『택리지』, 을유문화사.

17) 박시익(2006), 『풍수지리로 본 서양건축과 음악』, 일빛.

18) 오상익 주해(1993), 곽박, 『장경』, 동학사.

19) 정경연(2006), 『정통 풍수지리』, 평단문화사.

20) 신광주(1994), 『정통풍수지리학 원전』, 명당출판사.

21) 신 평 편역(1997), 『고전풍수학 설심부』, 관음출판사.

22) 이영관(2006), 『조선견문록』, 청아출판사.

23) 안승철 역(2004), 리즈 엘리엇 저, 『우리 아이 머리에선 무슨 일이 있어나고 있을까』. 궁리.

24) 장용득(1976), 『명당론』, 신교출판사.

25) 김종철(1991), 『명당론요결』, 오성출판사.

26) 이승찬(2002), 『자연의 진리 · 자연의 조화』, 중앙자연지리연구회.

27) 강석경(2002), 『능으로 가는 길』, 창작과 비평사.

28) 이호일(2003), 『조선의 왕릉』, 가람기획.

29) 문화재청(2006), 『조선왕릉 답사수첩』, 미술문화사.

30) 최창조(1993), 『땅의 논리 인간의 논리』, 민음사.

31) 김두규역(2001), 『호순신의 지리신법』, 도서출판 장락.

32) 김영조(1989), 『음택요람 지리십결』, 명문당.

33) 이준기(1978), 김강동, 『지리진보(전편)』, 개축문화사.

34) 현진상(2000), 『한글산경표』, 풀빛.

35) 이문호(2003), 『펭슈이 사이언스』, 도원미디어.

36) 우수명(2006), 『한글 SPSS』, 인간과 복지.

37) 박성현(2004), 『현대실험계획법』, 민영사.

38) 『한국민족문화대백과』(2006), 엠파스.

39) 이수건(2006), 『한국의 성씨와 족보』, 서울대학교 출판부.

40) 이용구(2005), 『통계학의 이해』, 월곡출판사.

41) 『표준국어대사전』(2006), 국립국어원.

42) 권미란 역(1999), 에밀리 말린 저, 『가족이해를 위한 가계도』, 교문사.

43) 이강백(1987), 『이강백 희곡전집』, 평민사.

44) 민중서림편집국(2006), 『엣센스 한자사전』, 민중서림.

45) 위키미디어재단(2006), 『위키백과사전』, 위키재단.

46) 산림청(1981), 『임업기술』, 산림청.

47) 법제처(2005), 『대한민국법전』, 계몽사.

48) 박종기(2000), 『고려시대연구』, 한국정신문화연구원.

49) 의희천(2004), 『한국사』, 박영사.

50) 박경원(1997), 『한국공동체 신앙의 역사적 연구』, 한국정신문화연구원, 한

국학 박사학위 논문.

51) 네이버 백과사전(2006), 『세계의 장묘문화』.

52) 한국외국어대학교 외국어 종합 연구센터(2006), 『세계의 장례문화』, 한국 외국어대학교 출판부.

53) 이일봉(1998), 『실증 한단고기』, 정신세계사.

54) 김두규 역해(2002), 채성우 원저, 『명산론』, 비봉출판사.

55) 김태연(2004), 『욕쟁이의 딸』, 눈과마음.

56) 박시익(1988), 『풍수지리설 발생 배경에 관한 분석 연구』, 고려대학교 건축 공학 박사학위 논문.

57) 조용현(2002), 『오백년 내력의 명문가 이야기』, 푸른역사.

58) 정창희(2002), 『지질학개론』, 박영사.

59) 원태연(2001), 정성원, 『통계조사분석』, 데이터솔루션.

60) 이석호(2004), 『데이터베이스 시스템』, 정익사.

61) 이용구(2005), 『통계학의 이해』, 월곡출판사.

62) 강석복(2000), 『응용통계학』, 형설출판사.

63) 박태성, 이승연(1999), 『범주형 자료분석 개론』, 자유아카데미.

64) 김성수 외 (2003), 『명령문을 활용한 고급 SPSS 익히기』, 데이터솔루션.

64) 배영주(2003), 『현대통계학의 이해와 응용』.

65) 성내경(2001), 『실험설계와 분석』, 자유아카데미.

66) 서이훈(2005), 『SPSS통계분석』, 자유아카데미.

67) 박성현 외(2004), 『한글SPSS』, 데이터솔루션.

68) 한상태(2004), 『SPSS를 이용한 실험설계와 분산분석』, 데이터솔루션.

69) 『두산세계대백과사전』(1996), (주)두산동아출판사.

Statistical analysis for the relation of those prosperity with the tombs located at down-hill by SPSS

The effects of tombs located at down-hill on those prosperity had been analyzed by the statistical method with SPSSprogram.

The analyzed tombs, located in Kyungbuk, Kyungnam, Chunbuk, Chungnam, Chungbuk and Kyungki regions of southern Korea, were composed of the steep and slow hill groups and the unknown group, whose numbers were 10, 9 and 31, respectively. And the total numbers of those individuals were 2,494. To analyze the slope of hill, the dimensional and photographic data for the tombs were taken. The number of married men, located at first to fifth generation of referred tombs and/or peoples, had been counted, and the cut-off rates of those sons and grandsons were calculated. All the data were analyzed statistically by SPSS (version 12.0) with the significance level of 0.05.

The differences of living ages and territories did not affect the cut-off rates of sons and grandsons, and those were not effected by the inheritance of family.

The average cut-off rates of sons were 5.2% for the tombs located at slow hills and 23.3% for the steep hills. Those cut-off rates of last sons for the tombs at for the slow and steep hills were

4.2% and 26.9%, respectively. The cut-off probabilities of last and last-last grandsons for the steep hills were much higher than those for the slow hills. All the tombs located at the steep hills had a chance to meet the cut-off those last-last grandsons within 5 generations.

Conclusively, the cut-off rates of those sons, last sons, last grandsons and last-last grandson for the steep hills were much higher than those for the slow hills. However, the slope of hill did not affect the cut-off rates of first and second sons, first grandsons and first-first grandson.

3부는 최주대의 박사 논문 〈비탈에 쓰여진 묘와 후손번성에 대한 SPSS 통계분석〉을 정리한 것인데 주임교수 소찬 이석정(본명, 이문호)의 지도 아래 이뤄졌다.

조상을 잘 모셔야 자손이 번성한다

초판 1쇄 인쇄 2007년 4월 5일
초판 1쇄 발행 2007년 4월 10일

지 은 이 이석정 · 박채양 · 최주대
펴 낸 이 김현주
펴 낸 곳 브레인북스
편   집 김소라
디 자 인 오홍만, 박혜원
마 케 팅 한영재

등   록 2006년 11월 15일
주   소 서울시 은평구 응암동 578-81호 2층
전   화 02-355-2307(대표) 031-963-8857(물류)
팩   스 02-353-5000
이 메 일 brainbooks@naver.com

* 잘못 만들어진 책은 구입하신 서점이나 본사에서 바꾸어 드립니다.

값 15,000원

ISBN 978-89-92447-02-7   03380